घुप्प अँधेरे

मन के गुबार को उघाड़ती संभालती

कवितायें और हाइकू

आरती शर्मा

डॉ. अजय कुमार शर्मा

ISBN 979-8-88629-248-0

अनुक्रमणिका

घुप्प अँधेरे
पहला सर्ग: अन्वेषण, संघर्ष और विजय

दूसरा सर्ग: हिंदी क्षणिकाएं

तीसरा सर्ग: देश के लिए

चौथा सर्ग: हिंदी हाइकू-क्षणिकाएं
(जापानी काव्य विधा)

पाँचवा सर्ग: हास्य व्यंग

छठा सर्ग: लम्बी कविता-दिव्य प्रेम काव्य

इति

समर्पण

- उनके लिए-"तुम न होते तो?" ये प्रश्न है हमारे होने का. हमारे जीवन को आकार देने वाले हमारे दिवंगत माता पिता – स्व. श्री तारा चन्द शर्मा व श्रीमती लीलावती शर्मा (पिताश्री व माताश्री डॉ अजय कुमार शर्मा) और स्व. श्री राम कुमार कौशिक व श्रीमती सोना देवी (पिताश्री व माताश्री श्रीमती आरती शर्मा)

- उनके लिए जो हमारी परछाई, हमारे श्वास और हमारे गर्व हैं – सुपुत्र आदित्य पुलस्त्य और सुपुत्री आकृति पुलस्त्य

~ आरती शर्मा

~ डॉ. अजय कुमार शर्मा

अपनी बात

गद्य जहाँ ख़त्म होता है कविता वहाँ से शुरू होती हैं. जो मनोभाव गद्य में नहीं लिखे जा सकते, उनको कविता अंदर से निकाल कर लाती है. कविता में वो शक्ति होती है जो हमारे मन मस्तिष्क में एक चित्र की पेंटिंग कर देती है. समाज में रह कर हमारे अहसासों में जो प्रेम, उल्लास, शौर्य, निराशाएं, कुंठाएं, क्रोध और चिंताएं उत्पन्न हो जाती हैं लेकिन उनकी अभिव्यक्ति और निराकरण नहीं हो पाते तो वो मन के गहरे अंधेरों में उतर जाती हैं. हमारे दिलों के मनोभावों के उन गहरे अंधेरों का एक मार्मिक काव्य दस्तावेज़ "घुप्प अँधेरे" है. ये कवितायें जिंदगी से जुड़े प्यार, परिवार, कार्यस्थल, समाज, अध्यात्म, प्रकृति आदि से उत्पन्न अंधेरों से पुरज़ोर संघर्ष करती हुई सत्य अन्वेषण की ओर मुड़ जाती है.

आशा है सुधी पाठकों को अपने जीवन की झलक "घुप्प अँधेरे" में मिलेगी और अगर उनको ये अनुभव होगा कि "घुप्प अँधेरे" का संघर्ष उनका अपना संघर्ष है तो हम समझेंगे की कविता अपने प्रियतम तक पहुंच गयी.

दिनांक : 25 फरवरी, 2022

स्थान : देहरादून , उत्तराखण्ड

~ आरती शर्मा
~ डॉ. अजय कुमार शर्मा

कृतज्ञता

सर्वप्रथम परमपिता परमेश्वर, फिर भारत वर्ष और फिर मेरे दिवंगत माँ श्रीमती लीलावती और बाबूजी श्री ताराचन्द शर्मा का धन्यवाद जो मेरे अस्तित्व के होने का कारण हैं. मेरे साहित्य में रूचि पैदा करने वाले मेरे मौसा जी स्वर्गीय श्री अतरसिंह शर्मा (साहित्य भूषण, विद्यावाचस्पति), जिन्होनें मुझे 13 वर्ष की अवस्था से साहित्य पढने के लिए प्रेरित किया . इस पुस्तक की रचना के लिए सबसे पहले मैं अपनी पत्नी आरती को धन्यवाद देना चाहता हूँ, जिसनें मुझे सबसे अधिक झेला! मेरी बेवकूफियों और सनक पर उसने मुझे घर से बाहर निकालने के बजाय हँसमुख रह कर कष्टसाध्य परिश्रम करते हुए प्रोत्साहन और प्यार दिया. इस पर दिखावा ये करती रही कि जैसे उसकी शादी मुझ से न हो कर मेरे माँ बाप और छोटी बहन अर्चना से हुई हो. इतनी पत्थर दिल है मेरी प्यारी पत्नी जिसने मेरी कविता कभी नहीं पढ़ी और एक दिन अपनी डायरी दे कर बोलती है,"छुप कर पढ़ती थी आपकी कवितायें...मेरी भी पढ़ लो". वो मेरी जिंदगी में एकमात्र अच्छी इंसान है जिसे मैं जानता हूँ लेकिन वो निहायत स्वार्थी है पर उसका एकमात्र स्वार्थ है...हमारा परिवार.

हमारा बेटा आदित्य, पुत्रवधू प्रियंका, बिटिया आकृति, दामाद पंकज और इनकी संतान अदिति, अनिरुद्ध, आर्या और लावण्या हमारे गर्व हैं क्योंकि इनके आपसी प्यार और विश्वास ही हम दोनों को सर्जन (सृजन) के लिए प्रेरणा दे रहे हैं.

हम उन सभी लोगों का आभार व्यक्त करते हैं, जिन्होंने हमें कवितायेँ लिखने के लिए प्रेरित किया और विशेष तौर से वो लोग या घटनाएं जो अप्रत्यक्ष या प्रत्यक्ष रूप से किसी न किसी कालखण्ड में कवितायें लिखे जाने के लिए हमारी अनुभूति बने और कविता बन कर "घुप्प अँधेरे" का जीवन्त हिस्सा बने. हम विशेष आभार व्यक्त करते हैं उन सभी पाठकों का जिन्होनें हमारी पूर्व प्रकाशित पुस्तकों को पढ़ा, आत्मसात किया और सराहा. हमारी जिंदगी से जुड़े लोग जिन्होनें प्रत्यक्ष या अप्रत्यक्ष रूप से हमारे मार्ग में गड्ढे और खाई खोदी, उनका हम हृदय से आभार व्यक्त करते हैं क्योंकि उन्होंनें ही हमें लम्बी छलांग लगानी सिखाई है. हम दोनों Notion Press के कुशल प्रबंधन और सभी स्टाफ सदस्यों का विशेष आभार व्यक्त करते हैं जिनके कठिन परिश्रम, उच्च गुणवत्ता व मानकों की डिजाईन और प्रिंटिंग तथा प्रभावशाली मार्केटिंग के कारण आज "घुप्प अँधेरे" पूरे विश्व के पाठकों तक पहुँच पाया है .

दिनांक : 25 फरवरी, 2022

स्थान : देहरादून, उत्तराखण्ड

~ आरती शर्मा (artisharmaddn@gmail.com)

~ डॉ. अजय कुमार शर्मा (drajaysharma62@gmail.com)

घुप्प अँधेरे

पहला सर्ग: अन्वेषण, संघर्ष और विजय

1. ईश वंदना

हे सिद्धि विनायक लम्बोदर, महाभारत के लिपिकार
नमो वेद व्यास हे महाकवि, पूजे तुमको काव्य संसार

हे नारायण हे ज्ञान सिन्धु, करो कृपा हे कृपानिधान
माँ सरस्वती दो हमको, निर्मल अविरल काव्य ज्ञान

मेरी अविरल काव्य लय में, हे वीणा वादिनी बस जाओ
जन मन पीड़ा की औषधि बन, माते सोमरस बरसाओ

देश प्रेम का काव्य रचूँ, या प्रेम काव्य का सर्जन करूँ
कविता लय गूँजे नभ में, रस अलंकार का वरण करूँ

प्रेम काव्य का सर्जन करूँ, हृदयों में दिव्य प्रकाश भरे
मानवता के हृदय मिलें, निश्छल काव्य आकाश बनें

अंतर्मन की सर्जना को, करुणा सिंधु पहचान करो
मेरे कविता रुपी शर का, माँ सरस्वती संधान करो

मेरे मन मंदिर की वीणा, मेरी कविता में झंकार उठे
सिंह समान गरजे कविता, जुल्मी दुश्मन चिंघाड़ उठे

अजय आरती करते वन्दन, माँ भारती का गुणगान करें
हो घृणा क्रोध निर्मूल जगत, काव्य सर्जन का ध्यान करें

(रचयिता: आरती और अजय)

2. कविता हूँ मैं

सोचती हूँ
मैं क्या थी
अविरल उफनती
तरंग सरिता की
प्रतिध्वनि कविता की
निकल पड़ती थी हृदय से
यूँ ही बिना सजे संवरे ही
पहुँचती थी
सीधे हृदय तक प्रिय के
पर आज मुझे
क्या हो गया है?
क्यों जकड लिया है मुझे

क्लिष्ट जंजीरों में?
श्रृंगार कहते हो तुम उन्हें
दम घुटता है
मेरा बंध कर

रोक लेती हैं ये मुझे
आलिंगन करने से
अपने प्रिय को भी
लय हूँ मैं तो
प्रेम भावना की
तो कभी आक्रोश की
मत बांधो मुझे
भारी भरकम (क्लिष्ट)
शब्दों की जंजीरों से
मिल कैसे पाउंगी मैं
प्रियतम से अपने?
कैसे समझेगा वो
मेरे अंतर्मन की पीड़ा या प्रेम?
कोमल भावों को
कुचल नहीं देंगी जंजीरें

क्लिष्ट शब्दों की?

कविता हूँ मैं

कोमल भाव हूँ मैं

सजाओ मुझे जी भर के

कोमल सरल शब्दों से

रस छंद अलंकार से

किन्तु लय से

क्योंकि जाना है मुझे

सीधे हृदय तक

मेरे सरल प्रियतम

पाठक तक

बहने दो मुझे

सरल अविरल सरिता सी

तभी दिखूंगी कविता सी

(रचयिता: अजय)

3. कविता का बनना

मैं नहीं लिखता

डायरी कभी

पर

लिख लेता हूँ

दिल पर

सीधे ही

वो पल जो

गुजरे साथ तुम्हारे

तभी तो

तुम ही

चला देती हो

लेखनी मेरी

एकांत में
और
बन जाती हो
सुंदर निश्छल
कविता

(रचयिता: अजय)

4. घुप्प अँधेरे

माँ

क्यों बैठी हो अँधेरे में?

और ये आँसू?

बोली

ये क्या अँधेरे हैं!

घुप्प अँधेरे तो हैं

अहसासों में

पर आँसू?

क्रोध के नहीं

जो किसी पर आया हो

दुःख के नहीं

जो अनुभवातीत है

पीड़ा के भी नहीं
जो रोगजन्य है
विरह के भी नहीं
जो जीवन साथी
मृत्युजन्य है
अपमान के नहीं
जो प्रतिदिन होता रहा
उपेक्षा के भी नहीं
जो शून्य अपेक्षाजन्य है
भूख से भी नहीं
जो भिक्षा सम भोजन
से तृप्त कम
अपमानित अधिक है
मिथ्या आरोप से नहीं
जो हथियार है तुम्हारा
ज़हर से नहीं
जो परोसा
बासी भोजन भिक्षा में
जबरन हस्ताक्षर से नहीं

जो कराए घर संपत्ति
लूटने को
शरीर पर पड़े
आघात से नहीं
जो प्रेम स्पर्श है
मेरे अपनों का
ये आँसू
किसी भी उस
वजह से नहीं आये आज!

.

.

ये तो बेटा
मुझे बस
याद आ गया था
वो दिन
जब तूने प्रथम बार
मुझे माँ बोला था
और
मैंने वात्सल्य से

तुझे लगा लिया था

अपने सीने से

तब

मेरे बेटे

हाँ

तभी तो

मेरे स्तनों से

अविरल बहने लगा

था दूध

और

दोनों आँखों से

आँसू!

(रचयिता: अजय)

5. माँ-बेटी

कॉलेज की रौनक

हॉस्टल की जिन्दगी

माँ बाप से दूर

पर

कैरियर और प्रेम में

संतुलन बनाती

बेटी

परीक्षा में सफलता की

खबर देकर

अपना प्रेम प्रसंग

बताकर

माँ की आँखों में

झाँकती बेटी
बेटी के कोमल
हृदय को परखकर
पति से हामी भराती माँ
और
विवाह तैयारी में जुटी
माँ-बेटी

(रचयिता: आरती)

6. वात्सल्य

मातृत्व के
अमृत
से सिंचित
व
पोषित
रूह की
सौम्य
व
निर्मल
भावना की
अनंत उड़ान
शिशु के

चंचल कलापों

पर

मुग्ध व न्यौछावर

माँ

की

दिव्य शान

(रचयिता: अजय)

7. जिंदगी प्रतिध्वनि

तुमने जो सुने

वो थे

मर्यादित अल्फ़ाज़

जो कह न सकी मैं

पर दिखाई दिया होगा

मेरी आँखों में

वो

थी अनुभूति

मेरी तुम्हारे लिए

जानते हो

बोल भी सकती थी मैं

पर नहीं बोली

बंधी थी एक सीमा से
जो प्रतीक था
मेरे हृदय में सम्मान का
तुम्हारे प्रति
उसी मर्यादा से
बंधी हूँ मैं
क्या है ज़िंदगी?
एक रंगमंच
बन्द हाथ आये
और चल दिए
अपनों को रोते हुए
छोड़ कर
खुले हाथ ही

.

.

रिश्ते
निभाओ तो
अमर बेल हैं
और उन पर

कर दो पेशाब
तो
बदल जाते हैं
दुश्मनी में भी
और बन जाते हैं
क्रूर हत्यारे!
मुझे निभाना है
तुमसे रिश्ता
तभी तो मैं
अपने को
बना लेती हूँ
अंधी बहरी और गूंगी
पर
क्या तुम समझ पाए
उस पल को
मेरे चेहरे से
जिसकी पीड़ा नें मुझ को
ऐसा बना दिया था?

ग्रीष्म ऋतु
की तपानें वाली
हवाएं सोचती थी
अभिमान से
मानो रहेंगी हमेशा ही
पर
बारिश की चन्द बूँदें
शीतल फुहार संग
बस इतना गुनगुना गई
कान में
कि सखी
मिजाज़ की गर्मी
एक दिन ज़रूर
निकल जाती है

तुम अग्निदेव बन बैठे हो
तो क्या जला डालोगे
किसी के
कोमल मन मंदिर को
नश्वर अभिमान
और
कर्कश जुबान से?
मेरे मित्र
जिंदगी में हो जाती हैं
गलितयाँ
(क्या तुम नहीं करते)
तो सुधरने की
हकदारी भी देती है जिंदगी
पर
अभिमानी कर्कश वाणी
से नहीं बल्कि
प्यार, सम्मानयुक्त
मधुर वाणी में ही
इस अंदाज़ से

जैसे कोई
दे रहा हो दस्तक
धीरे से द्वार पर!
जिससे कपाट खुले
पर टूटे नहीं!
दर्प तो
दशानन का भी नहीं रहा
तुम्हारा तो एक ही है
जब फूटती है गोलक तो
बिखरता है अभिमान
और
बिखर जाते है
सारे सिक्के
कौन समेटता है उनको?
क्या गुल्लक?
जो खुद बिखर जाने को ही बनी थी
क्या ये जानती थी
वो मालिक नहीं
मात्र किरदार है!

जो काल के ग्रास
से बिखर जायेगी एक दिन
किसी का दर्द
ले लो दिल में
और दे दो
किसी के रोते चेहरे को
मुस्कान
बस ये ही है
जिंदगी

(रचयिता: आरती)

8. जिंदगी

ये ज़िंदगी है, यहाँ वायदे चलते हुए देखे
रिश्ते तो क्या, इंसां भी बदलते हुए देखे

कहते थे जो अटल हैं, अपनी जगह पर
वो पर्वत हमने धरा पर, फिसलते हुए देखे

संसार छोड़ कर, जो सन्यासी बन गए
वो बीच अप्सराओं में, मचलते हुए देखे

इस उल्टी ज़िन्दगी पर, कैसे यकीं करूँ
हमने दिन में भी, तारे निकलते हुए देखे

कैसे मानूँ इस प्यार से, ठंडक मिली तुम्हें
हमनें प्यारे शब्द, दिल में उबलते हुए देखे

(रचयिता: अजय)

9. लगता नहीं अजीब सा तुमको
(जीवनसाथी की पीड़ा)

आप दोषी

फिर भी

विद्रोही

मैं निर्दोष

परन्तु

क्षमा आकांक्षी

और तुम

दम्भी क्षमावान

आप

बंदी बनायें

असीमित शर्तों से

मैं बिना शर्त

करूँ प्रेम

तुमको

बैठ कर चुपचाप!

तुम

करो नज़र अंदाज़

मेरे आँसू

मैं

करूँ पोषण

हठ तुम्हारी!

आप

न दें दिलासा

तोड़ कर भरोसा मेरा

मैं

करूँ प्रदर्शन प्यार का

झूठ मूठ ही

टूटे हुए दिल से!

आप

खोजें

नित नए तरीके

आनंद के

मैं

करूँ विलाप

खोखले रिश्ते को

खजाना समझ!

तुम्हारी

आदतें

चैट-चालबाजियाँ

ऑफिस के ऐश टूर

मौज मस्तियाँ

नाजायज़ जरूरतें

रंगीनियों की भूख

ज़ुल्म अकड़

परिवार हेतु

शून्य कर्तव्यबोध

ये सभी

सिर्फ तुम्हारी हैं

और

मुझ से अपेक्षाएं
नितान्त आदर्श
जीवन साथी (पति/पत्नी) की!
जो बलात
थोपी जाती हैं
मुझ पर!
और फिर
तुम कहते हो
"आई लव यू"
क्या ये
लगता नहीं है
अजीब सा
तुमको?

(रचयिता: अजय)

10. गुमशुदा की तलाश

कहाँ है वो?

वहाँ नहीं

जहाँ पलता है

लालच

और

जो खाद है

प्रतिस्पर्धा की

जहाँ होता है

खून द्वारा

खून का खून

जहाँ पति को

प्यार जता कर

आत्मा कुचली जाती है
बुढ़ापे की
जहाँ चमकते चेहरे
रौंद डालते हैं
चेहरे की झुर्रियों को
बेहद सफाई से
मासूमियत के
अभिनय से
जहाँ कैकेयी
प्राण हर लेती हैं
दशरथ के
जहाँ दुर्योधन
घूमता है प्यासा
खून पीने को
पाण्डवों का
जहाँ राजा दुष्यन्त
वादा कर
भूल जाते हैं
भार्या शकुन्तला को

और
वहाँ भी नहीं
जहाँ विभीषण
खोल देता है राज
भाई रावण की मृत्यु का!
आखिर किसको ढूंढ
रहा हूँ मैं?
कौन है वो?
वो उस सम्मान में है
जब अनुज भरत
राम की चरण पादुका
का बन जाता है
प्रधान सेवक
वो उस सेवा में है
जब भ्राता लक्ष्मण
चल देते है राम संग
नंगे पैर वनवास
वो उस प्रेम में है
जहां राम खाते हैं

झूठे बेर शबरी के
वो पत्नि धर्म में है
जहाँ अनुसुइया
बना देती है शिशु
ब्रह्मा विष्णु महेश को
और तो और
उस शक्ति में है
सावित्री की
जो
ले आती है
वापस सत्यवान को
यमराज से
वो पित्राज्ञा में भी है
जो कर देती है
नचिकेता को
यमराज के हवाले
स्वेच्छा से
वो सत्य में है
जहाँ पी जाता है विष

सुकरात
और चढ़ जाते है
येशु क्रॉस पर
परन्तु
वो खो गया है
आज
ढूँढा बहुत पर
मिल नहीं पाया
इन जंगलों में
मानवता के!
क्या करूँ ?
छपवाने निकल चुका हूँ
पोस्टर
गुमशुदा की तलाश
''नाम – परिवार''

(रचयिता: अजय)

11. तरूणी

अरूणोदय की लालिमा
से सजे आकाश के साथ
मैं बैठी हूँ
प्रतीक्षा में तुम्हारी
तुम आये पर
क्या तुम तक नहीं पहुंची
मेरे तरूणी बदन से आती
रजनीगंधा और गुलाब की महक
क्यों तुम देख नहीं पाए
मेरी जवां बाँहों को
जो मैंने प्रेम से तुम्हारी ओर बढाई थीं?
हरी भरी लताओं

चीड़ और देवदार के वृक्षों से सजे

पर्वतमालाओं के

मेरे शरीर के उभार भी

नहीं देख पाए तुम?

मैं बादलों की झीनी चादर ओढ़े

अपने नवयौवन से

तुम्हें पुकारती ही रही

पर तुम बिना देखे ही

व्यर्थ उलझनों में फंसे

चले गये

लौट आओ

देखो मेरी खुबसूरत जवानी को

और आ जाओ मेरी युवा बाँहों में

मैं बैठी हूँ प्रातःकाल से ही

प्रतीक्षारत

कौन हूँ मैं?

"प्रकृति"

(रचयिता: आरती)

12.   काँच तोड़ते पत्थर

टूट जाते हैं दिल

काँच के सामान ही

भावनाएं कोमल

नया विश्वास

नवीन आशाएं

होती हैं नाज़ुक

काँच सामान

सह नहीं पाती

चोट

निराशा के

पाषाण की!

परन्तु

क्या ऐसा भी
होगा कभी?
जब टूटेंगे
निराशा के पत्थर
आशाओं के
काँच से
और कहलायेंगे
काँच तोड़ते
पत्थर

(रचयिता: आरती)

13. मैं और तन्हाई

मैं और तन्हाई

लड़ते रहते हैं

कभी बिखरते

तो कभी

सँवरते रहते हैं

ओ तन्हाई

तुम क्यों

दुःख-पीड़ा को

रखती हो अपने साथ

फिरती हो यहाँ वहाँ

लिये हाथों में हाथ

तन्हाई कुछ इठलाई

धीरे धीरे मुस्काई
और बोली
बचपन की यादें
मोहब्बत के बातें
कहानी कहती नानी,
रिमझिम बरसता पानी
पहली मुलाकात
महबूब की बात
उनका इतराना
रूठना मनाना
सब के सब
अंधेरों में खो जाते हैं
तन्हाई बगैर
याद नहीं आते हैं
दिलों के रिश्ते
जब पुराने पड़ जाते हैं
समय की चोट से सड़ जाते हैं
तन्हाई जब फैलाती है बाहें
तो खोल देती है

दिलों की बंद राहें

तन्हाई बोली

मेरे दोस्त

ख़ुशी पानी है तो

मुझ से मुख न मोड़ना

तन्हाई का साथ

कभी मत छोडना

(रचयिता: आरती)

14. तू वो ही है ना मेरी माँ

तू वो ही है ना!

जो मेरे लात मारने पर

सहज ही मुस्कुराती थी

मेरी रग रग में भी तुरंत

गुदगुदी सी दौड़ जाती थी

ये बात तू जानती थी

मेरी हालत पहचानती थी

और मैं

बस रहता था इंतज़ार में

तेरे पेट से बाहर निकलने के

सोच विचार में

तू वो ही है ना

मेरी माँ
जिसनें मेरी किलकारी
सुनने की खातिर
कर दिया था अपना पेट
कटने को हाज़िर
और होश में आने पर
पीड़ा को नहीं
लपक लिया था मुझे!
कैसे भूल गयी तू
अपने नौ महीनों
की पीड़ा को
बस मेरे एक बार
दूध हेतु छूने से
तेरे स्तनों को
तू वो ही है ना
जो सर्द रातों में
गर्म रखनें को मुझे
सो जाती थी
खुद गीले में

और काँपती रहती
सर्द रातों में
तब
"नेपकिन" भी नहीं थे न माँ?
आते भी तो
उसमें तो मैं ही
गीला रहता न माँ
तू वो ही है ना
जो पिताजी के मुझे पीटने पर
खुद आ जाती थी बीच में
नाटक करती
खुद पीटने का मुझको
छिपा लेती थी
आँचल के बीच में
ज़ोर से मारती
प्यार से निहारती
फिर कैसे मुझे चोट लगती?
ये आज समझ पाया हूँ
तू वो ही है ना

जो अब मेरे

ऑफिस से आने पर

अकेली लेटी टकटकी लगाती

घर के मुहाने पर

तरसती रहती

बात करने को मुझ से

और मैं

सीधा अपने बैडरूम में जा

देखने लगता हूँ टीवी

बीवी बच्चों के साथ

"तू ठीक है बेटा?"

झाँकती है

बैडरूम के बाहर से ही

"ठीक ही हूँ, मुझे क्या हुआ है!"

थकी रूखी आवाज़ सुन कर

हो जाती है वापिस

मायूस सी

तू वो ही है ना माँ?

हाँ

तू तो वो ही है
मेरी माँ
मैं ही बदल गया हूँ
पर ऐसा क्यूँ हुआ?
ये ही सोचता हूँ मैं
मेरी माँ

(रचयिता: अजय)

15. एक फैसला बेटियों पर

सुप्रीम कोर्ट ने दिया

बाप की सम्पत्ति पर

बेटियों को बराबर का हक़

विवाहिता बेटी

रोने लगी

सुबक सुबक कर

बोली

ये क्या ज़ुल्म किया

कोर्ट नें?

क्या हम बेटियों को

भुलावे में भी

जीने का अधिकार नहीं?

भुलावा?

हाँ माँ

भुलावा

कम से कम

साल के दो दिन

बेटियाँ खुश होती थी

होता है प्यार

भाई बहन में भी

ये रक्षाबंधन भैयादोज़

आ कर दे देते हैं

भुलावा

जब वो बांधती है

कलाई पर राखी

और पाती है चंद नोट

भाई की संकुचित

और भाभी की

अमानत बन चुकी

जेब से !

वो नोट

जिससे कोई चीज़
बाजार से
नहीं खरीदी जा सकेगी
बस दे देते हैं दिलासा
बहन को
भाई भाभी के
प्यार का
वो प्यार जो
सुहावना भुलावा था
अभी तक
अब खत्म हो गया
आज
सबसे बड़ी कोर्ट
के फैसले से!
बेटियाँ अब ज़िंदा
मर जाएंगी
क्योंकि अब
खत्म हो गया मायका
जो बस भुलावा था

बाप के गुजरने के बाद
अब भुलावा भी
नहीं रहा
वो भुलावा जो
मेरे चेहरे पर
लाता था मुस्कान
बढ़ाता था मान
भात पर
मेरी बेटी के विवाह में!
अब खत्म हो गया
क्या करूँगी इस
बाप की ज़मीन के टुकड़े का?
जिसनें कर दिया है
खून रिश्तों का
हाय !
देख नहीं पाऊंगी
अब मुस्कान (बनावटी ही सही)
भाभी की
मायके में जा कर!

खैर

मायका तो

चला गया था

बाप माँ के जाने के साथ ही!

अब भुलावा था ये भी

चला गया आज

कोर्ट के फैसले से

सब कुछ टूट गया

आज इस पल

आज देख पा रही हूँ

कैसे एक ज़मीन का टुकड़ा

कर देता है

हत्या प्यार की

घोट देता है गला

विश्वास का

कर देता है खून

भाई बहन के

रिश्तों का

माई लार्ड

योर हॉनर
ले लो ये
फैसला वापस
और रहने दो
बेटियों को
भुलावे में
हम भुलावे
से ही ज़िंदा हैं
क्योंकि
बेटियाँ तो
जन्म से ही
भुलावा होती है
बस आ जाती है
बिना मन्नत मांगे ही
और
विवाहिता बेटियां
तरसती हैं
मायके को भी
जब वो चला जाता है

माँ बाप के जाने के साथ

माई लार्ड

योर हॉनर

ले लो ये

फैसला वापस

(रचयिता: अजय व आरती)

16. क्यों हम लौट चलें

क्यों हम लौट चलें?

चाहत देख कर मेरी, ज़माना जलता है

घर बाहर हर दम कोई, फ़साना पलता है

निगाहें घूम जाती हैं, तेरे बस साथ आने से

दीवारें सुन ही लेती हैं, हमारे गुनगुनाने से

क्यों हम लौट चलें?

ये अंकुर है जो फूटा है, नई शुरुआत है जाना

ये बढ़ते कदम ही बस, मेरी परवाज़ है जाना

ये दीपक है जो लड़ता है, तूफां में अँधेरे में

जुगनू चमक उठा फिर से, अंधियारे घनेरे में

क्यों हम लौट चलें?

मंजिल हो चुकी है, इक सफ़र गहरे समंदर का

कोई क्या देख सकता है, गुबारा मेरे अंदर का

मत पूछ इस दीवानगी का, हश्र क्या होगा

दिल से पूछ तू अपने, ये खुद से बयाँ होगा

क्यों हम लौट चलें?

(रचयिता: अजय)

आभार: कादम्बिनी (क्यों हम लौट चलें-गीत; कादम्बिनी, जुलाई, 2012 अंक;
हिंदुस्तान टाइम्स समूह हिंदी पत्रिका में प्रकाशित)

17. रिश्ते

रिश्ते उम्मीद भावना और अहसास है
रिश्ते मन मंदिर में खुशबू का वास हैं

रिश्ते जीवन हैं, खुशियाँ हैं, शक्ति है
रिश्ते, हृदय से उपजी अभिव्यक्ति है

रिश्ते मन हृदय, अमृत की प्याली है
बिन रिश्ते, दुनिया सुख से खाली है

रिश्ते बहन, तो कभी माँ का दुलार है
रिश्ते नारी पुरुष का, निर्मल प्यार है

रिश्ते पूजा में, प्रशाद का स्वाद है
रिश्ते पौधे के, जल धूप व खाद है

रिश्ते जीवन में, चढ़ता खुमार है
रिश्ते बहन का, माँ सा दुलार है

रिश्ते पालन, पोषण व अनुशासन है
रिश्ते पिता संरक्षण, और प्रशासन है

रिश्ते बूढ़ी माँ के हाथ की, नर्म रोटी है
रिश्ते हिमालय पर्वत, शिखर है चोटी है

रिश्ते दूध पीते बच्चे को, माँ की दुलार है
रिश्ते रक्षा बंधन पे, भाई बहन का प्यार है

रिश्ते बड़े भाई का, पिता सा सिर पे हाथ है
रिश्ते भाई बहन का, सुख दुःख में साथ है

रिश्ते बूढ़े माँ बाप की, उम्मीदों का समन्दर है
रिश्ते दुआओं में लिपटा, खुशियों का मंजर है

रिश्ते पूजा अरदास, मस्जिद की अजान है
रिश्ते माँ की गोद में, बच्चे की मुस्कान है

रिश्ते विदाई पर, सिसकती बहन की आशा है
रिश्ते पत्नी की माँग में, सिन्दूर की भाषा है

रिश्ते बच्चे को, बाप की ऊँगली का सहारा है
रिश्ते बाप की फटकार में, प्यार का नारा है

रिश्ते शमाँ पे, मर मिटता मस्त पतंगा है
रिश्ते शहीद सैनिक पर, लिपटा तिरंगा है

रिश्ते तपती धूप व लू में, ठंडी छाया है
रिश्ते सुन्दर नारी की, सुकोमल काया है

रिश्ते नन्हा बच्चा है, प्यार से सहलाना है
खुशी के सागर को, जीवन भर निभाना है

(रचयिता: अजय)

18. मृत्यु शैया

जर्जर काया
हड्डियों का ढाँचा
भीगा बिस्तर
खाल पर चिपटे मकौड़े
कोरों पे आँसू
भूख से सिकुड़ता पेट
दुर्गन्ध से सिकुड़ते
मूक दर्शक बने
अपनों के नाक
जिंदगी से मौत माँगती

दीन आँखें

.

.

मृत्यु शैया

(रचयिता: आरती)

19. तुम

क्यों बसे हो मुझ में
जानते भी नहीं
पहचानते भी नहीं
मुझे तुम
फिर भी
छाए रहते हो
मेरे हर विचार में
जबरन ही
समाये रहते हो
मेरे संसार में
अक्सर मुझे
क्यों झोंक देते हो

पिघलने को

बस प्यार में

और

चलने को

पाषाण युग में

ये

पाषाण युग की

पथरीली राहें

जो छील देती हैं

दिल को

क्यों लिये फिरते हो

ये क्रोध-ईर्ष्या

मान-अपमान

के चमकीले किन्तु

चुभने वाले गहने

कुछ नहीं मिलेगा

अहम् के प्रयास से

निरर्थक थोथी आस से

जान लो तुम मुझे

मैं सत्य हूँ
अंतस का
तू अहम् है
अंतर्मन का
शाश्वत कौन?
सोचा है कभी?

(रचयिता:अजय)

20. मैं कौन हूँ?

मैं कौन हूँ?
ये ही पूछा हैं न
ये मेरी ही दस्तक है
जो फैलाती हैं सुगंध
बनाती है मकरंद
जो काफी है
भौंरों को मतवाला बनाने को
और कर देती है लाचार
बंद होने को
पंखुड़ियों में ही
तुम नहीं देख पाए मुझको
उन पतंगों के

उन्माद में
जो झोंक देते हैं
प्राण दीपक पर
बस मुस्कुरा कर यूँ ही
क्या मैं नहीं होता हूँ
उन ओस की बूंदों में
जो गुदगुदाती हैं
प्रेमियों को
रिमझिम फुआर में
बस जाती हैं
धड़कते दिलों
के द्वार में
महसूस करो मुझे कभी
कोयल की कूक में
पपीहे की हूक में
काँपते होठों की प्यास में
राह तकती
आँखों की आस में
मैं ही तो हूँ

इन सभी में छिपा!
सब कैसे देख पायेंगे
मुझको?
पहचानो मुझे
मैं वो हूँ जो
कभी निकल पड़ता हूँ
जेठ की दुपहरी में भी
मंजिल को पाने को
खुद को मिटाने को
जला नहीं पाती
आग भी तब मुझको!
दिखाई देता हूँ
मैं अक्सर
हाथों में हाथ लिये उनके
जो रहते हैं मेरे
धडकते सीने में
पहचाना मुझे?
कभी मैं मजनूं बन कर
हो जाता हूँ कुर्बान

लैला के साथ

ले कर

हाथों में हाथ

कभी झूल जाता हूँ

सूली पर

येशु बन कर

तो कभी

बजाता हूँ बाँसुरी

कान्हा बन कर

मैं कौन हूँ?

कैसे जान पाओगे

करो आत्ममंथन

सुनो मेरा क्रंदन

मत पूछो कौन हूँ?

मैं हूँ

तुम्हारा सत्य

(रचयिता: अजय)

21. गुलाबी लिफाफा

तन्हाई सुनो

वो गुलाबी लिफाफा

जो संजोए था

अनलिखे खतों का मजमून

क्यों तड़फ उठा है आज

तुम्हारी एक

दस्तक से ही

ये पंखुड़ियां गुलाब की

याद दिलाती शबाब की

जो फिसल गयी थी

उनके मखमली बालों से

(याद रखना तन्हाई)

सूखी नहीं हैं आज भी
वो गुलाबी पंखुड़ियाँ
ताज़ा हैं मेरी रूह में
अभी तक
चिपक सी गयी हैं
रूह में मेरी अब तो
और दे रही हैं
एक मदहोश सुगंध
जो आती थी
सिर्फ उनके गेसुओं से ही
जिनकी खुशबू बनाती थी
अलमस्त मुझे
और
छाँव जुल्फों की
लड़ जाती थी
जेठ के तपते सूरज से
तुम ठीक ही तो कहती हो
जब भी मैं खोलता हूँ परतें
तो सलाख़ों पर झूलती

बारिश की बूंदें याद दिलाती हैं

उन मोतियों को

जो नहीं तैर रहे थे

सिर्फ मेरे नयनों में ही

बल्कि एक सैलाब ले आये थे

जो रुक नहीं पाया था

तुम्हारी आँखों में भी

मरमरी गालों पर

छलके वो मोती और

इन नयनों का सैलाब

समझ नहीं पायी हो तुम

इतने सालों बाद भी!

तन्हाई

काश तुम समझ पाती

मैं और वो

जैसे दिया और बाती

अलग हुए ही नहीं

कैसे हो सकते हैं जुदा

वो दिल दिमाग और मन से

समा गए हैं जो

मेरे साँसों के प्राण में

मेरी रूह की शान में

तभी तो धडकता है

ये दिल सुकून से

क्योंकि वो

मुझ में हैं

मैं उनमें

तन्हाई में भी

भीड़ में भी

(रचयिता: अजय)

22. ये क्या किया तन्हाई

ये क्या किया तन्हाई!
क्यूँ संजोया तुमनें
उन पलों को
जो बन चुके हैं
घाव से नासूर
ढूंड पाओगी
कभी मेरा कसूर?
गहरी साँसों का मंजर
(जो किया था तुमने बंद डिबिया में)
अधूरे ख्वाबों का खंजर
जो धंस गया है दिल में
चुभनें लगा है फिर से

तुम्हारे आते ही

तन्हाई में

मिलन- विरह

कर रहा है मंथन

भावों में

अब रिस रहा है

धीरे धीरे चीस्ते से

घावों में

हाए वो अनलिखे मजमून

जो ख़त नहीं बन पाए

क्यों रख दिए तुमनें

तह बना कर

दिल के घावों में

और आज

क्यों खोल दी वो तह

जिनके बीच

छिपा है समंदर पीड़ा का

ज़मानें की निष्ठुर क्रीडा का?

(रचयिता: अजय)

23. जिंदगी में जीवन

वो रौशनी

तुम से थी

तुम्हारी थी

या

तुम ही थी

वो संगीत

था

प्राणों की वंशी

हृदय धड़कन

का

संवेग

जो सुनाई देता था

सिर्फ मुझे

(शायद तुमको भी)

वो

तुमसे था

तुम्हारा था

या

तुम ही थी

वो उत्साह

जो

कुरेदता था

तन मन

उठा देता था

कठिन मार्गों में

मेरे कदम

और

मैं दौड़ पड़ता था

कंटीले मार्गों पर

सहजता से

वो

तुमसे था

तुम्हारा था

या

तुम ही थी

वो निगाह

जो उठती थी

हर आहट पर

ये आशा में

कि

तुम आई

वो निगाह

तुमसे थी

तुम्हारी थी

या

तुम ही थी

वो शक्ति

जो तैरती थी

आँखों में

चमक बनकर

जिसे देख

डर जाते थे

दुश्मन सभी

वो शक्ति

तुमसे थी

तुम्हारी थी

या

तुम ही थी

वो सूरत

दिवा स्वप्नों

की नायिका

जो लिखवा देती थी

हाथ पकड़ कर

गीत, कविता, ग़ज़ल

तुमसे थी

तुम्हारी थी

या

तुम ही थी

वो वाणी

जिसके माधुर्य से
लज्जित होती थी
कोकिलें
जो द्रवित कर देती थी
पाषाण हृदय को भी
तुमसे थी
तुम्हारी थी
या
तुम ही थी
अब
तुम नहीं हो
जिंदगी है
पर
जीवन चल गया
तुम्हारे संग

(रचयिता: अजय)

24. करोगी स्वीकार?

जन्मदिन पर

दी तुमने

शुभकामनाएं

की तुमने

प्रभु-प्रार्थनाएं

सोचता हूँ

दूँ आभार

या दिल की

गहराइयों से चलकर

रूह के धरातल पर

उबलते उफनते

दूँ विचार!

जन्मदिन पर

क्यों मैं

हो जाता हूँ उदास

क्यों

एक एहसास

मुझे कर जाता है

अंतस से बदहवास

हर साल

जन्मदिवस पर

जब देती हो तुम

कुछ

प्रेम से बुना

दिल से चुना

सपनों का जाल

जो कर जाता है

मुझे

कुछ मन से

कुछ रूह से

अक्सर निढाल

क्योंकि

हर सुन्दर

प्रभात वेला में

प्रतिदिन

मैं पाता हूँ

स्वयं को

सीलन भरी लकड़ी सा

जो चाहती है

सुलगना

वो भी

इस तरह कि

उसमें होम हो जाए

सीलन

अहम् की

बहुत सारे

भ्रम की

प्रिये!

आओ

पवित्र अग्नि में प्यार की

भस्म कर दें सीलन
हृदयों के काले संसार की
करोगी स्वीकार
मेरा निमंत्रण?

(रचयिता: अजय)

25. वो बोले

क्या नया है?

वो बोले

सब कुछ नया है

नया दिन

नई साँसें

नए अवसर

नए हम

नए तुम

नए सब

जो कल थे हम

वो तो पीछे रह गया

चलो अच्छा हुआ

हम बोले

क्या नया है?

कुछ भी तो नहीं

वही आशाएँ देता दिन

मन घबराता तुम बिन

लम्बी लगती रात

सपनों की सौगात

साँस तोड़ते वादे

गिरते उठते इरादे

साँसों की गर्मी

प्रेम की नरमी

सब कुछ तो वही है

कुछ भी नहीं बदला

न मैं

न तुम

न हमारा प्रेम

(रचयिता: अजय)

26. मोम का पृष्ठ

मैं

मोम का

खाली पृष्ठ

जिस पर

कोई सियाही

कोई कलम

लिख नहीं पाएगी

कोई गीत

मैं रिक्त हूँ

पर

अकेला नहीं

तू है ना

रिक्तता में

मेरी

तू है ना

रूह बनी हुई

मोम के पृष्ठ में उभरी

दैवी शक्ति सी

जो सुबह के साथ

उभरती है

रात को

घुल जाती है

निंद्रा बन कर

मोम के पृष्ठ में

और देती है मुझे

सुनहरी स्वप्न

तभी तो मैं हँसता हूँ

सिर्फ नींद में ही

लोग कहते है

मैं नहीं

(रचयिता: अजय)

27. मैं अब खाली हूँ

मैं अब खाली हूँ

अन्दर से

घुन लगी लकड़ी सा

खाली हूँ

खिलखिलाहटों से

जो उतरती थी

दिल में

समन्दर में सरिता सी

रूह में कविता सी

मैं खाली हूँ

इंतज़ार से

मौसम की बहार से

तेरी आहट से

बदन की

सरसराहट से

मैं खाली हूँ

उपहार तुझे दिखाने से

हर ख़ुशी को तेरा बनाने से

अपने को खोने से

साथ साथ रोने से

ग़मों को भुलाने से

रूठने मनाने से

और तुझ से

लड़ने से भी तो

खाली हूँ

मैं आज

(रचयिता: अजय)

28. मुस्कुराहट और गुस्सा

वो मुस्कराहट

अब नहीं है

जो तेरे ख़याल से

नृत्य करती थी लबों पर

मेघ देख कर नाचते

मोर सी

और

उतर जाती थी

प्यासे दिल में

ज्यों

बूंदें सावन की

उतर जाती हैं

सूखी धरती के
आँचल में
जानते हो?
अब गुस्सा नहीं आता
चला गया है
तुम्हारे साथ
किस पर करूँ
अब मैं गुस्सा
बताओ तो ज़रा?

(रचयिता: आरती)

29. सरिता में तरंग

हर वक़्त!

मुस्कान में भी

हर वक़्त

विलाप में भी तो

भीड़ में भी

हर वक़्त

तन्हाई में भी तो

जुदाई में भी

हर वक़्त

विसाल में भी तो

गीतों में भी

हर वक़्त

मौन में भी तो
जीवन में भी
हर वक़्त
महाप्रायण में भी तो
ऐसा नहीं है
होते हो
कभी कभी
तुम बहते हो
मुझ में
निरन्तर, अविरल
निर्झर सम,
ज्यों
सरिता में
तरंग

(रचयिता: आरती)

30. मात्र तुम

तुम
सौम्य
अविचलित अहम से

तुम
मुस्कान
अविचलित गम से

तुम
निडर
अविचलित भ्रम से

तुम
कविता
अविचलित तम से

तुम

सौंदर्य

अविचलित वहम से

तुम

रूह

अविचलित मृत्यु जनम से

तुम?

बस तुम ही हो अब

मुझ में घुल गयी हो

मैं, मै नहीं अब

मात्र तुम अब

(रचयिता: अजय)

31. बताओ तो जरा?

तुम

मेरी चेतना के पंख

रूह के मंदिर में

बजता भोर का शंख

मन की उड़ान

देह की जान

बनती बिखरती

कहानी

निर्मल निर्झर का

बहता हुआ सा

पानी

फूलों की सुगंध

पुष्प का मकरंद
तुम ही तो हो
ये सब
फिर क्यों
कभी कभी
मैं हो जाता हूँ
तन्हा?
बताओ तो जरा?

(रचयिता: अजय)

32. चतुष्पथ

मृगनयनी नवयौवना
लावण्य क्या कहना!
संकोच व लज्जा
बनी सुसज्जा
सप्त-अंगुल भर
कटिप्रदेश कमाल
ओ गजगामिनी
तेरी मदमस्त चाल
अर्धपारदर्शी वस्त्र में
कैद अंग प्रत्यंग
में
लाती भूचाल

तिर्यक दृष्टीपात
करती हृदय आघात
नारी सौंदर्य
निहारते चक्षु अनेक
अट्टालिकाओं से
चतुष्पथ पर

(रचयिता: अजय)

33. आत्मविस्मरण (रति काव्य)

विद्युत सी तरंग
कम्पन का भूकंप
स्पर्श नहीं आग!
मन से तन तक जाग
सांसों में उच्छवास,
एक एहसास
होश नहीं
जान बही
कम्पित सुर्ख
होठों की प्यास
एक एहसास
पयोधरहस्त में
और

फिर मुख में

विस्फोट नस नस में

मादक उभरे

सुरीन स्पर्श से

बढ़ती प्यास

उत्तेजक एहसास

चढ़ता सुरूर

शून्य गुरूर

रिक्तता उभय ओर

पूर्णता पे जोर

साँसों का वेग

तीव्र संवेग

रति वरण

भग भरण

बुझी प्यास

पूर्णता अहसास

अंतिम चरण

आत्मविस्मरण

(रचयिता: अजय)

34. अंधे रास्तों में

ये
वो रास्ते है
जो कर देते हैं अँधा
पथिक को
बंद हैं ये
ले जाते नहीं कहीं
कर देते हैं
मजबूर पथिक को
रुकने को कभी
तो कभी लौटने को
करते हैं जो हिम्मत
बढ़ने की आगे

लडखड़ा जाते हैं वो भी
कुछ कदम पर ही
आखिर क्यों?
चाँदनी सा बदन
दिलों का मिलन
कसमें वादे
मज़बूत इरादे
दुनिया से बगावत
डेटिंग व दावत
माँ बाप मित्र अपने
मखमली रुपहले सपने
हो जाते हैं धूमिल
इन अंधे रास्तों में
मेरे महबूब
नहीं मालूम तुमें
गहराई का
इन जबड़ों की
पूतना के
जो सक्षम हैं
निगल जाने को

तेरे मासूम सपने
जो तुमनें संजोये
उस जिंदगी के
जो दिखती हैं
हर युवा दिल को
मखमली गुडिया सी
फूलों की बगिया सी
हमसफ़र मेरे
जान ले तू
उस तक जाने को
गुजरना होता है
अंधे रास्ते से
जिनमें बोये जाते हैं
कांटे शक के
खोदी जाती हैं खाईयां
सम्प्रदायों की नफरत की
बिछाई जाती हैं लैंड माइन
अमीरी के गुरुर की
जो अक्सर उड़ा देती है
धज्जियां हवा में

मुफलिस मोहब्बतों की
किन्तु
देना होगा
मार्ग स्वयं ही इन्हें
बस पकडे रहना
हाथ मेरा
छोडना मत
साथ मेरा
इसी तरह विश्वास से
हाँ विश्वास
जो बन कर बारूद
एक दिन ज़रूर
कर देगा चूर
उन सभी को
जो बनाये हुए हैं
इन प्रेम मार्गों को
अंधे रास्ते

(रचयिता: अजय)

35. "तुम डरपोक हो"

मैं

एक चमकदार

सुन्दर दिखने वाली

घर के दरवाजे

की चौखट सा हूँ

मेरे अंतर्मन

में लगी है दीमक

ठीक ही कहते थे तुम

"तुम डरपोक हो"

हाँ मैं हूँ

डरती हूँ मैं

हर उठने वाली ऊँगली से

जो उठ जाएगी
तुम्हारी तरफ अपने आप ही
मेरे हर अश्रु पर!
निगाहें उठेंगी फिर
चेहरे पर तुम्हारे भी
टटोलेगी हर निगाह
मेरा नाम
चेहरे पर तुम्हारे
पढ़ लेंगे लोग उसको भी
तभी तो
मुस्कुरते रहना होगा तुमको
क्योंकि
भरोसा नहीं अपने पर मुझे
मैं जानती हूँ
अश्रु निकल ही आयेंगे मेरे
जानते हो
दिल पत्थर किया है मैंने
पर ये मोती
हर बार नहीं सुनते मेरी
छलक ही जाते हैं गालों पर

पर तुम

लोगों को पढ़ने मत देना

चेहरा अपना

बस

मुस्कुरा देना

उन श्रृंगार के पलों को याद करके

जिनमें समायी है

तेरे मेरे बदन की खुशबु

रात की रानी के फूल की सुगंधी सी

वो आवाजें जो गूँजती है

रात दिन

तेरी मेरी रूहों के कानों में

प्रतिध्वनि सी वीरानों में

वो पल जो ताज़े है अभी भी

और रहेंगे ताज़े

मेरी तेरी रूहों में

सदियों तक

अगले जन्मों में भी

(रचयिता: आरती)

36. प्रथम संगीत

ये मैं था

और

तुम शरमाई हुई सी

सुगन्धित हवा

और

था सन्नाटा

सिर्फ मैं तुम

कोई और न था वहाँ

साझा करने को ये पल

फिर अचानक

पेड़ से सूखे पत्ते की तरह

फिसल गया कोई

कौन गिर रहा है?
अहम् (मैं) के जाते ही
फिसल गया था

एक झूठ
समुद्र की लहरों के नृत्य
घटती हुई तट रेखा
अपनी अँधेरे वाली गुफा से
झाँक कर देखा मैंने
ये अजीब बुलावा था
मेरा तुमको
एक ख़ास मोड़ पर
जहाँ मिलने वाली थी
रूहें और दिल
तुमने बुलाया मुझे
और मैं निकल पड़ा गुफा से
मेरे विचार शून्य हो गए
और
महसूस हुई सरसराहट
जो दौड़ गयी

शरीर से रूह तक

चिड़ियों के पंखों की तरह

काँपने लगे होठ

शरीर दैवीय झुनझुने से

हो गया स्थम्भित

हवा के कंठ में लगा

तारों का कम्पन

नृत्य दिखाया

रेत के कणों ने

प्रकृति खुश थी

दो आत्माओं के

रोमांस पर

नदी का पानी

बडबड़ाने लगा

और बोलने लगा

आओ मेरे अंदर

लगाओ डूबकी

नन्ही कली

करने लगी नृत्य

और
मचलने लगी
प्रस्ताव दे कर
दिव्य सजावट करने का
फूलों की पंखुड़ियों ने
खोल दिए होठ
दिव्य पराग को
आत्मसात करने को
चिड़िया पंख फैला कर
चहचहाने लगी
ये कैसे हुआ?
ये संगीत का आनंद था
जो प्रकृति ने छेड़ा
दो आत्माओं के
मिलन पर
ये ही था प्रथम संगीत
पृथ्वी पर
इसमें ही छिपे थे
संगीत के "सा रे गा मा"

और जन्म लिया

प्रथम दिव्य संगीत ने

जब प्यार में

मैंने तुमको बुलाया

और तुम

आ गयी थी

दिव्य मिलन के लिए

तभी तो हो पाया

सृष्टि संचरण

और पैदा हुआ

पृथ्वी पर

प्रथम संगीत

(रचयिता: अजय)

37. मौत

ओ

मौत..मौत..मौत..

कहाँ हो तुम?

बिजली के तारों में, दौड़ती है मौत

मिसाइल से बंकर भी, तोडती है मौत

पहाड़ से खाई में, झाँकती है मौत

नदी की गहराई से, ताकती मौत

लावारिस बैग के बम से, बुलाती है मौत

कैंसर वार्ड में रोगी को, सहलाती है मौत

रेलवे ट्रैक पे, नाचती है मौत
ट्रक के टायर में, भागती है मौत

चक्रवाती तूफ़ान में, उड़ाती है मौत
प्लेन आकाश में, फडफडाती है मौत

बायोलॉजिकल वार से, आती है मौत
कोविड विषाणु बन, मुस्काती है मौत

बादल बिजली बन, पुकारती है मौत
पर्वत खिसका कर , मारती है मौत

शराब के ठेके पे, बैठ जाती है मौत
आतंकियों को, भारत बुलाती है मौत

हाइवे की सड़कों पे जागती है मौत
तेज़ रफ़्तार ट्रक से भागती है मौत

कोविड से देह में रूकती है मौत
हवा से फेफड़ों में घुसती है मौत

नशे की सुइयों पे नाचती है मौत
डेल्टा की मार से खांसती है मौत

दंगों में तांडव भी करती है मौत
जिंदगी से फिर भी डरती है मौत

और जिंदगी
मौत के साथ साथ नाचती है
यम से फिर हिसाब बाँटती है

(रचयिता: अजय)

38. एक अजनबी

मैं एक अजनबी
कौन हूँ मैं?
क्या हैं जिंदगी?
जानना चाहते हो?
करोगे विश्वास?
तुम जो सोचते हो "मैं जो हूँ"
वो ही तो नहीं हूँ
और तुम भी
नहीं हो वो
जो तुम दिखाते हो मुझे
क्या हुआ?
क्यों उखड गए?
तो फिर सुनो जो

अब सुनाता हूँ
सुना क्या?
सुनाई देगा भी नहीं
क्योंकि
सत्य शब्दों का
मोहताज़ नहीं
चेहरा दर्पण है
शब्द छल हैं
तभी तो
शब्दों का संसार
लुभाता है
कार्ड
एस एम् एस, चैट, पत्र, बातें
बनाते है एक संसार
शब्दों से!
तुम्हें
वो ही दिखाई देगा
वो ही सुनाई देगा

(रचयिता: अजय)

39. मैं पागल ही सही
(स्चिज़ोफ्रेनिया से पीड़ित पति की पीड़ा)

मैं

निकल आया हूँ

उस जगह से

जहाँ तुम

मुझे

कुछ दुलार कर

कुछ प्यार कर

चली गयी थी

बैठा कर

और मैं

अकेला ही तो

बैठ कर

बस करता रहा

इंतज़ार

तुम्हारे आने का

रोज़

सुबह से शाम तक

शाम से सुबह तक

कल ही तो गयी थी तुम

(मुझे ऐसा भ्रम है)

कह कर

"अभी आई, ज़रा बैठो

मेरे आने तक

किसी से

कुछ नहीं कहना"

फिर

क्यों कह रहे है

ये सभी लोग

मुझे

बस बैठा है

न सोता है

न थकता है

न रोता है

बड़ा भोला है

एक शब्द भी न बोला है

दस साल से!

बस तक रहा है

फटी आँखों से

उन राहों को

जिन से गयी थी तुम

उस मेंटल अस्पताल

में छोड़ कर मुझे

वापस ना आने को

(ये लोग कह रहे हैं)

क्या

ये सच है

कहा था तुमनें

डाक्टर से

"ये मेरे पति

मुझे पहचानते भी नहीं
और
खुद को भी नहीं"
हाँ
मेरी हमसफ़र
खो चुका था मैं
अपनी मेमोरी को
खुद को और तुमको भी
तुम्हारी समझ में
(पर मेरी समझ में नहीं)
पागलपन की बीमारी (स्किज़ोफ्रेनिया) में
किन्तु
मेरी हमनफस
तुम तो
पहचानती थी ना मुझे?
मेरा क्या?
मैं पागल ही सही!

(रचयिता: अजय)

40. हाथों की लकीरें

तेरे हाथों की लकीरों पे, मेरा नाम लिखा है शायद
मुझे हँसीं गफ़लत में, इन राहों में चलता रहने दो

दोस्तों की महफ़िल में, मेरा दम घुटने लगा है यारों
मुझे दुश्मनों की दुनिया में, सुकून से जिंदा रहने दो

दुश्मनी की इन्तेहाँ भी, देख ली अब दोस्ती में तेरी
साँसों के थमने तक इसे, अब यूँ ही चलता रहने दो

दम निकले तेरे पहलू में, ये तमन्ना है "अजय"
बुझते हुए चिराग को, साँसों में ढलता रहने दो

(रचयिता: अजय)

41. अल्फ़ाज़ जले जाते हैं

ज़हन में आग है, अल्फ़ाज़ जले जाते हैं
ज़ुल्म की आँधी में, जज़्बात उड़े जाते हैं

आहटें पा के मेरी, राह से मुड़ जाते हो
राहें गर हों तो जुदा, राह से मुड़ जाते हैं

छाँव मिल जाए, तेरे गेसुओं की सोंधी सी
हम दीवाने तो, सूरज से भी लड़ जाते हैं

ये मोहब्बत है तेरी, या रूह की परछाई है
लोग कहते हैं कि, हम सपनों में मुस्काते हैं

ज़ुल्म ओ नफरत की, उम्र बहुत छोटी है
प्रेम के लमहें ही, सदियों से ठहर पाते हैं

पोंछ कर अश्क, रोते को हँसा लो पहले
सौदा-ए-दर्द तो, मिनटों में सिमट जाते हैं

आँधियाँ लाख चलें, छू भी न पाएगीं इन्हें
ये कलमकार हैं, तूफानों से भी टकराते हैं

तेरी सूरत मुझे, हर अश्क में दिख जाती है
चेहरे मायूस हों, वो दिल में उतर जाते हैं

तेरा आना तो, मेरी धड़कनों का हामी है
तू जो जाए तो, दिल बीच में रुक जाते हैं

करोगे जुल्म तो, बच के कहाँ जाओगे
ज़ुल्म फानूस है, आग में जल जाते हैं

ज़हन में नफरतें, सूरत पे नज़र आएगी
आइने खुद ही, चेहरे पे बिखर जाते हैं

ये अकड़ पहाड़ सी, जो तूने पाल रखी है
ज़लज़लो में तो, भूधर भी खिसक जाते हैं

भँवर में डाल कर, खड़े हो तुम किनारे पर
ये "अजय" तिनके हैं, भँवर में तैर जाते हैं

(रचयिता: अजय)

42. बच्चे का आक्रोश

क्या तुम बाप हो?

नहीं

मुझे याद है

जब मैं था बच्चा

तन से कोमल

मन से सच्चा

मैं कैसे भूलूँ

तुम्हारे थप्पड और लातें?

और उस पर

कुटिल मुस्कराहट?

याद है तुम्हें

मेरी माँ भरी आँखों से

देखती रहती थी

मेरे कोमल गालों पर

बहती अश्रुधार

और

चाह कर भी

कुछ नहीं कर पाती थी वो!

कैसे भूलूँ उन कुटिल आँखों को?

राक्षसी मुस्कराहट को

जो डराती थी मुझे

मैं सिमट कर

हट जाता था पीछे

आत्मा घायल है मेरी

क्या मैं भूल पाऊंगा

कैसे तुम मारते थे

मुझे?

मन चाहता था

कत्ल कर दूँ तुम्हारा?

पर बच्चा था तब?

लेकिन आज?

आज मैं सबल हूँ
और
तुम वृद्ध और निर्बल?
तुम मुझ से चाहते हो
सम्मान और सेवा?
उस पुत्र से
जिसके बचपन को
तुम्हारे क्रूर हाथों ने
कर रखा है घायल?
अत्याचारों से तुम्हारे
अधूरा रह गया है
मेरा व्यक्तित्व
जो बचपन में
तुमने मुझे दिया
वो आज भी
व्यक्तित्व पर हावी है मेरे
नहीं कर पाता हूँ मैं
सामना किसी भी
विकट परिस्थिति का!

आज मेरे अन्दर भरा

यह डर

देन है तुम्हारी ही

तुम बाप नहीं हो

हत्यारे हो

मेरी आत्मा

व

व्यक्तित्व के?

कैसे करूँ सम्मान

व

सेवा तुम्हारी?

कर्त्तव्य

और

आक्रोश के

संघर्ष में

आखिर जीत जाता है

कर्त्तव्य

एक बेटे का

और मैं

प्रतिदिन प्रातः

करता हूँ चरण स्पर्श

और

खिलाता हूँ भोजन

अपने हाथों से

पिता को

जैसे मैं खिलाता हूँ

अपने पांच वर्ष के बेटे को

(रचयिता: अजय)

43. पंखकटी चिड़िया सी

वो आहट जो

कभी लगा देती थी पंख

रूह में मेरी

और मैं

उड़ने लगती थी

मस्त पक्षी सी

फिर आज क्यों

दर्द से कराह रही

मेरी काया से

निकल से गए हैं

प्राण?

और मैं बस

छटपटा रही हूँ
तुम्हारे पैरों तले
पंख कटी चिड़िया सी!

(रचयिता: आरती)

44. जिंदा लाश

तुम

मुस्कुरा रहे हो

दारू के नशे में चूर

थक गए हो शायद

इस जिंदा लाश को

रौंद रौंद कर

लात, घूंसे से!

और मैं?

बस

सहन कर रही हूँ

नस नस की पीड़ा

आज भी

बीते दस सालों

की तरह

सोचती हूँ

कर डालूँ सफाई

कर दूँ हल्का

माँ धरती को

बोझ से

हैवानियत के

और झूल जाऊं

फाँसी पर

मौत की सजा

पाकर

अंधे कानून से

.

.

जिंदा रखने को

नारी अस्मिता को!

(रचयिता: अजय)

45. टूटता भरोसा

ये मुश्किल
बहुत है
मंजिल संजीदा
डगर काँटों भरी
और
जोखिम भरी भी
मगर ये तयशुदा
सर्जन है
चीज़ बनती है
एक ही
नश्वर अमर
कोई ताकत दुनिया की

मार नहीं सकती इसे
सिर्फ स्वयं दो रूहों
को छोड़कर
क्योंकि
अगर एक बदल दे
रास्ता तो ये
टूट जाता है !

.

.

मत तोडना
भरोसा किसी का
ये टूट कर
फिर जुड़ नहीं पाता
पूर्ववत
कुछ तो रह जाती है
गिरह दिलों में

(रचयिता: अजय)

46. जिंदगी आयाम

ज़िन्दगी

एक विशाल वृक्ष पर

सहारा ले

ऊपर चढ़ती

लंबी लतिका

एक सुंदर

तरुणी सी

जो लेती

नित नया रास्ता

किन्तु मौत

पलट देती

राह ज़िन्दगी की

वृक्ष पर लटकी

लतिका की

ज़िन्दगी हुई

सूखे पत्ते सी

ज्यों जड़ से कटी

तरुणी लतिका

अब सूख चुकी

पर

लिपटी है वृक्ष पर

अभी भी

सूखे पर्णों के साथ

वो सूखे पत्ते

जो जुड़े थे

आंख मूँदती लतिका से

अब चल दिये

आंधी के झोंको संग

ज़िन्दगी

काल चक्र

जहां से चला

फिर वहीं

घूम कर आता

और

आज सूखी लतिका

को पेड़ से लिपटी देख

धुंधली कमज़ोर

पड़ती व डूबती

आँखों से ताकती

ज़िन्दगी को

अपनी जड़ों से कटी

मौत की प्रतीक्षा में

वृद्ध आश्रम में

बूढ़ी आँखें

(रचयिता: आरती)

47. रंगोली है जिंदगी

हर उम्र के रंगों की रंगोली है जिंदगी
प्रेम में उलझी बड़ी भोली है जिंदगी

तन्हाई व मातम से सहमी हुई कहीं
आज कहाँ बैठी अकेली है जिंदगी

कलियों फूलों का मधुपान कर लिया
यौवन में मचलती अलबेली है जिंदगी

दुखों को आशाओं से बाँधती दिखी
मेरे घर आई एक सहेली है जिंदगी

उमंग और प्रेम का रूप धर लिया
लग रही दुल्हन नवेली है जिंदगी

मौत के गेसुओं में सजने को जो आतुर
ऐसे "अजय" गजरे की चमेली है जिंदगी

(रचयिता: अजय)

48. एक भूल

एक भूल जो

करता हूँ बार बार

वही ऐतबार

करता हूँ उस पर

जो लगता है

निश्छल सच्चा सा

बनाता हूँ जगह

दिल में

कुछ से दुश्मनी ले कर

स्वाभिमान कहीं दे कर

करता हूँ

निश्छल विश्वास

पर

हर बार

टूटता भरोसा

और

स्वार्थ परोसा

इंसानियत के मुखौटे से

निकलती

चीख दिल से

भटका मंजिल से

सोचता हूँ

कुछ भी नहीं शाश्वत

सिवाय

स्वार्थ के

नश्वर संसार में

(रचयिता: अजय)

49. इल्ज़ाम

क्यों आज तक हमको, कोई पहचान नहीं पाया
वो कौन सा लम्हा है, जब इल्ज़ाम नहीं आया

मोषकों के चेहरे से, जो हटाये शराफत की दाढ़ी
इस शहर में आज तक, वो हज्ज़ाम नहीं आया

नुमाइश नहीं करता जो, शराफत की आज कल
उस शख्स को राहों से, कोई सलाम नहीं आया

दिल की बात जिसने, बिन मक्खन के बोल दी
इन राहों से उसे, मुहब्बत का पैगाम नहीं आया

कड़वा सच पी लिया है, ज़हर की तरह
"अजय" हाथ में तभी, जाम नहीं आया

(रचयिता: अजय)

अर्थ: मोषक-बहरूपिये

50.   पाँव लड़खड़ा जाते हैं

जिंदगी में कभी, वो मुकाम आते हैं
चलते चलते पाँव, लड़खड़ा जाते हैं

पैरों के निशाँ देख कर, आगे को बढ़ गए
चार कदमों पे, निशान ही धुँधले पड़ गए
हर एक कदम पे, चौराहे नज़र आते हैं
चलते चलते पाँव लड़खड़ा जाते हैं

एक फूल से बनाया जिसने एक गुलशन
महक जिसको देने में, होम दिया जीवन
फूल तोड़, लोग बगिया उजाड़ जाते हैं
चलते चलते पाँव लड़खड़ा जाते हैं

मायूसियों के साये में, मुद्दत से हम खड़े
मंजिल पे पहुँच कर, क्यों आज रो पड़े
सीने में छिपे दर्द, आँखों में आ जाते हैं
चलते चलते पाँव लड़खड़ा जाते हैं

हालत हमारी वीराँ, उनको क्या खबर
पहुंचे हैं मंजिल पे, लिए दर्द इस कदर
दर्द के धागे में, मोती पिरोये जाते हैं
चलते चलते पाँव लड़खड़ा जाते हैं

(रचयिता: अजय)

51. एक चेहरा

एक चेहरा, बीच भँवर देखा
ख़त्म होता, एक सफ़र देखा

धुँधली नज़र, चेहरे पे शिकन
अँधेरे में डूबता हुआ, घर देखा

नाउम्मीद आँखें, टूटती बातें
नाचती मौत का, हुनर देखा

जीवन से परे, ज़मानें से डरे
ख़त्म होता हुआ, सफ़र देखा

सूखे खेतों में, दरारों सी आँखें
उम्मीद लगाये, हमसफ़र देखा

कम्पित आवाज, खाल में कंकाल
बुलंद ईमारत का, खण्डहर देखा

आँखों में, अश्क सूख चुके उसके
उसके बच्चों का, चेहरा तर देखा

रुक ज़रा, झाँक ले कैंसर वार्ड में
"अजय" भविष्य का, मिरर देखा

(रचयिता: अजय)

52. आइना

रंग रूप चेहरे का, दिखाता है आइना
दाग रूह के नहीं, दिखाता है आइना

समन्दर आँखों का, दिखाओ मत मुझे
अश्क पीने वालों का, चेहरा है आइना

साकी प्याला मय से, भर दे तू इस कदर
दाग ऐ रूह दिखे, और बन जाये आइना

जान ले नादान, अरे पहचान ले चेहरे
काँच का बनता नहीं है, कोई आइना

देख तू मुझको, मैं तुझे देख लूँ
तू मेरा आईना, मैं तेरा आइना

झाँक ले खुदी में दिखेगा सब "अजय"
न चाहेगा चेहरे को, कभी कोई आइना

(रचयिता: अजय)

53. मोड़ जिंदगी के

जिंदगी ने हमें, कुछ ऐसे मोड़ दिखाए हैं
पहुँच कर जहाँ, अक्सर हम घबराएं हैं

चाहा जिन्हें देना, खुशियों का एक जहाँ
ज़माने ने हमारे, सामने लाकर रुलाये हैं

जज्बातों पे इनके, न हँस दे ये दुनिया
हमनें अपने आँसू, खुद को पिलाये हैं

पहले न था, जल के दिल काला हो गया
ज़माने ने हमें जो, ग़मों के जाम पिलाएं हैं

काँटे उग आते हैं, बिस्तर पे जब "अजय"
नम आँखों से, हमनें वो लम्हें बिताये हैं

(रचयिता: अजय)

54. अहसास

दर्द से अब हम, इस कदर घिर गए
दर्द के अहसास, न जाने किधर गए

जिंदगी बन गयी, एक किताब दर्द की
खुशियों के पन्ने, इधर उधर बिखर गए

जिंदगी से खेले, दुश्मन तो कभी दोस्त
ये बिखरी कितनों के, सपनें संवर गए

भर रहे हैं ज़ख्म, एक अरसे से अब तलक
"अजय" वो नहीं भरते, जो कलेजे में उतर गए

(रचयिता: अजय)

55. ऊँचे ख्वाब ना देख

सारे ऊँचे ही ऊँचे, ख़्वाब ना देख
ख़ुशी तो देख, ग़म के मारे भी देख

ऊँची मंजिलों से, बाहर निकल ज़रा
ऐ सी तो देख, सड़क किनारे भी देख

चुपड़ी रोटियों को, देख बनता है मुँह
बर्गर तो देख, पेट की दरारें भी देख

रंगीनियाँ शहर की, पब पार्टी रौनक
चमक तो देख, जिंदगी से हारे भी देख

मिला तुझे, कर शुक्रिया मालिक का
अँधेरे न देख, अब उजियारे भी देख

ऊपर से ठंडी हुई, तो हाथ मत लगा
राख तो देख, छिपे हुए अंगारे भी देख

लाचार बेसहारा दिखें, तो निगाहें फेरता
पतली गली न देख, उनके सहारे भी देख

हँस दिया ऊपर से, खुश हो गया "अजय"
महज़ मुस्कान न देख, घाव हमारे भी देख

(रचयिता: अजय)

56. अनजाने उपहार

संसार

एक बाज़ार

सजी है दूकान

सुख दुःख

प्रेम घृणा

इच्छायें त्याग

अलग अलग मोल भाव

झोली में हाथ डालता हूँ

निकले कुछ रुपये

खरीद लेता हूँ

दुःख और त्याग

(क्योंकि सबसे कम दाम थे)

थैला भर दिया

कन्धों पर बोझ अधिक

चला जाता हूँ घर की ओर

लड़खड़ाने लगते हैं कदम

धूप की तपिश

असीमित भार से

दुखते कंधे

सोचता हूँ

सामान थोडा सा लिया

पर क्यों है

इतना बोझ थैले में?

घर पकड़ा किसी तरह

खोलता हूँ थैला

दो छोटे पैकेट

एक दुःख, एक त्याग

किन्तु चार बड़े पैकेट कैसे है?

शक्ति, ख़ुशी, सत्य, संतोष

खरीदे तो नहीं मैनें?

क्या उपहार स्वरुप मिले?

सोचता हूँ
क्या ये ही बढ़ा रहे थे
भार थैले का?
या
दे रहे थे मुझे शक्ति
तपिश में
असीमित बोझ
वहन करने की
अनजाने में ही!

(रचयिता: अजय)

57. संघर्ष

मैनें कहा

कुछ और नहीं

सिर्फ वो ही

जो युगों से

सहा था

और जो

सहा था फूलों ने

ख्वाबों में लहराते

सावन के झूलों ने

उन शब्दों ने

जो आ न पाए

लबों पर तुम्हारे ही

ज़ुल्मों से
सहा था उस प्यासे ने
जो दम तोड़ गया
समन्दर में रह कर
पर छू न पाया
पानी को जुबान से कभी
सहा था उन पलकों ने
जो युगों से भरी हैं
अनमोल मोतियों से
आतुर हैं छलकने को
पर रुके हैं
किसी के नाम की
रुसवाई रोकने को
पता है मुझे
तुम्हारे कमज़ोर
पहरे की ताकत
जो लग नहीं सकता
उन धडकनों पर
जो धड़कती है

एक दूसरे से ही

दे कर

शाह और मात

तुम्हारे पहरे को

देखो तो रूह के दर्पण में

अपने चेहरे को

वो विकृत रूप है

जो बनाया है खुद तुमने

विरोध करके

अपने अंतर्मन

की आवाज़ का

सत्य व प्रेम

के आगाज़ का

(रचयिता: अजय)

58. उजाले दूर जाते हैं

अंधेरों की दुनिया ही, क्यों दिखाई देती है
उजाले दूर हुए जाते हैं, चीखें सुनाई देती है

बिखर जायें, पत्थर भी टूट कर अश्कों से
रोज़ाना आबगीन ही, क्यों चूर हुए जाते हैं

फरेबी दुनिया अब, सच सी दिखाई देती हैं
घबराए हुए से हम, सच से दूर हुए जातें हैं

हलचल नहीं होती यहाँ, होने पर खून भी
इस ख़ामोशी में, लोग कैसे जिए जाते है

कभी तो हो ऐसा कि, समझे प्यार को दुनिया
"अजय" नफरत से लोग, हर रोज़ जिए जाते हैं

(रचयिता: अजय)

अर्थ: आबगीन-शीशा/दर्पण

59. स्वप्न

स्वप्न था मेरा अजीब

रात का था गहन अँधेरा

मातम का लगा था डेरा

पड़ा हुआ इस वीरानी में कहाँ चला मैं बदनसीब

स्वप्न था मेरा अजीब

सिर पर तिलस्मी छाया थी

बदन जकड़े हसीन माया थी

सिर उठा बोल न पाया एक शब्द भी मैं गरीब

स्वप्न था मेरा अजीब

चन्द्र किरणों पर चल चल कर

पवन के झोंखों से हिल डुल कर

क्लांत हुआ मन और कम्पित तन, स्थिर हो गयी मेरी जीभ

स्वप्न था मेरा अजीब

शांत मरघट आते देखा

चिता पे मुर्दा गाते देखा

श्वास रुक गयी सोच, अजय मृत्यु है अब करीब

स्वप्न था मेरा अजीब

(रचयिता: अजय)

60. मन रे

मन रे, तू लहरों सा न मचल
सुरमई वेला है, मत बन तू चंचल
मन रे तू लहरों सा न मचल

धरो धीर रे मनवा, वो आयेंगे
सुप्त पुष्प हृदय के, जग जायेंगे
रूह पर पा स्पर्श, पवन की साँसों का
हृदय कपाट मेरे खुल जायेंगे
स्पंदन से, फिर नाचेगा हृदय चंचल
मन रे, तू लहरों सा न मचल

बगिया में, उनकी आहाट पा
मैं तितली बन, उड़ जाउंगी

नयनों से पढ़, वो बेचैनी

कोयल की कूक, सुनाउंगी

आउंगी पहलू में उनके

जब फैलायेंगे, वो आँचल

मन रे, तू लहरों सा न मचल

(रचयिता: आरती)

61. तूने खेल किया है हमसे

तूने खेल किया है हमसे

जीवन शूलों पर जी जाते

तेरे अश्रुओं को पी जाते

पर भावनाओं को सींचा, तूने जीवन के गम से

तूने खेल किया है हमसे

मन चाहा, हमको मोड़ा गया

शीशा समझ, दिल तोडा गया

अपने हाथों विष दे कर, धोखा किया तूने हमदम से

तूने खेल किया है हमसे

प्यार जो तेरा, पा जाते हम

अफवाहों को, खा जाते हम

छोड़ ग़मों को मुक्त हो जाते, अजय मृत्यु और जन्म से
तूने खेल किया है हमसे

(रचयिता: अजय)

62. दिल्लगी के किस्से

दिल कुरेद कर, जिन्होंने ज़ख्म बनाये हैं
बन कर दवा, आज वो सहलाने आये हैं

दर्पण हमारे बने रहे, मुद्दत से जो नयन
वो आज हमें, आँखें दिखाने आये हैं

ख़ाक हुए, जिन बहारों के लिए हम
वो ऋतु पतझड़ की, दिखाने आये हैं

सिखाया जिन्हें हमनें, जीवन में दौड़ना
वो आज हमें, चलना सिखाने आये हैं

जिस हार में सजने को, हर प्रसून है आतुर
कागज़ के फूल, उसको गुदगुदाने आये हैं

ये दिल देखो, खेल का मैदान बन गया
वो दिल्लगी के किस्से, हमें सुनाने आये हैं

नादानी पे उनकी, अजय प्यार आ गया
सूरज को लौ दिए की, दिखाने आये हैं

(रचयिता: अजय)

63. वो दूर जाने लगे हैं

ख़त्म होने अब, सारे बहाने लगे हैं
जान ले कर वो, अब दूर जाने लगे हैं

जुस्तजू हमारी, खिदमत करें उनकी
राह में पलकों के, शामियाने लगे हैं

एक पल लगा, इसको टूटने में आज
दिल के जोड़ने हमको, ज़माने लगे हैं

जादू तेरे इश्क का, फैला फिज़ा में
भौंरे भी कलियों पे, मंडराने लगे हैं

कोयल कूकने लगी, मुस्काई हर कली
गूंगे भी तेरे प्रेम से, गुनगुनाने लगे हैं

जाना उनका, इस कदर दर्द दे गया
"अजय" जिस्म से, प्राण जाने लगे हैं

(रचयिता: अजय)

64. बहुत रो चुका हूँ मैं

यादों में पलकें, भिगो चुका हूँ मैं
लौट आओ, बहुत रो चुका हूँ मैं

पहले सा नहीं हूँ, इल्जाम सही है
अब खुद से, हाथ धो चुका हूँ मैं

अश्क, नींद, न मुस्कान, लबों पर
जुस्तजू ज़हन में, डुबो चुका हूँ मैं

कैसे मान लूँ, कि गुल बुलबुल से दूर है
तुझ पे हक़ अपना, अब खो चुका हूँ मैं

आसाँ नहीं, शीशे से आइने का टूटना
खुद को भी मुद्दतों से, खो चुका हूँ मैं

(रचयिता: अजय)

65. सुर्ख आँखें

सुर्ख आँखें, शायद रोया नहीं
अश्क पलकों पे, पिरोया नहीं

सोजिश बोलती हैं, आँखों की
करवटें बदली हैं, सोया नहीं

आ गए उम्मीदों से, हम भी खेत पर
हम काटेंगे क्या, जब कुछ बोया नहीं

खुश हैं आज, आँसुओं के सौदागर यहाँ
घर इनका, अभी किसी ने डुबोया नहीं

उम्मीदें जिंदगी में, टूटी नहीं "अजय"
होश बाकी है, हौसला अभी खोया नहीं

(रचयिता: अजय)

66. लबों पे गुलाब

ये हिरनी से नयन, लबों पे गुलाब मुस्काया है
रख लें इसे दिल में, ये ज़हन पे आज छाया है

धूप की तपिश भी, बदन में सर्दी लगा रही है
लगता है सूरज, तेरे आँगन से निकल आया है

खुशबू तेरी आती रही, दिन रात इस कदर
झोंका हवा का, तेरे बदन को छू के आया है

कुछ चमका हमें देखो, अँधेरे में रात के
आज फिर हमनें, जुगनू से धोखा खाया है

दीवाने हैं हम तो यारों, साथी हैं अंधेरों के
उनको रौशनी देने को, घर अपना जलाया है

दुनियाँ को दोषी कैसे, बताएं हम "अजय"
हमें तो जिंदगी में, अपनों ने बहुत सताया है

(रचयिता: अजय)

67. प्यार का बुलबुला

दिल में बसे अनेक, हरेक दिलरुबा नहीं होता
बन कर फूट जाए, प्यार बुलबुला नहीं होता

झौंका था तूफ़ान का, या कुछ और ही हुआ
गर प्यार लिए था, तो दीप बुझा नहीं होता

उम्र भर इस पौधे को, हम लहू से सींचते
गर इसका शूल, हमें अभी चुभा नहीं होता

फासले बन जाना भी, मुमकिन है प्यार में
"अजय" सर इस तरह कभी, झुका नहीं होता

(रचयिता: अजय)

68. आई लव यू

"आई लव यू", शब्द पुराने है
ये तो स्वार्थपरता के बहाने हैं

तुमसे रिश्ते बंधन पुराने हैं
बस आँखों से छलकाने हैं

दिल के दर्द अब लगते सुहाने हैं
ज़हन के बंधन आँखों में लाने हैं

बिन देखे हुए उनको हुए ज़माने हैं
मुझे आज शहर के चिराग बुझाने हैं

चीस्ते है बहुत, ये ज़ख्म पुराने हैं
सभी घाव तो, चादर में छिपाने हैं

हम आज हुए बेचैन से दीवाने हैं
आज फिर उनके ख़्वाब आने हैं

शमा पर मरे बहुत से परवाने हैं
ज़नाज़े तो शमशान पहुंचाने हैं

(रचयिता: अजय)

69. निशान रह गए

आरी से चीरते वार, इस दिल पे सह गए
अब देखने आये हो, जब निशान रह गए

टूटती यादों नें, जब धडकनें रोक दी दिल की
उन चौराहों पर, हम अजनबी बन खड़े रह गए

तमन्नाएं भी अब, हुई ख़ाक हमारे संग
मुफ़लिसी की बाड़ में, अरमान बह गए

घरौंदे बनाये रेत के, साथ बैठ कर
समंदर की लहर के, साथ बह गए

फूलों से चोट अब, खाने लगे "अजय"
वो कहते हैं के, पत्थर दिल ही रह गए

(रचयिता: अजय)

70. साया मुझ से रूठ गया

वो साया मुझ से रूठ गया
जन्मों का बंधन टूट गया

जीवन गहरा सागर है
प्रेम कांच का गागर है
सागर में तैरता गागर अब
लहरों की चोट से टूट गया
वो साया मुझ से रूठ गया

जो सांसें मुझ पे छाई थी
मरते दिल की दवाई थी
खून ए जिंदगी करने को

जग रूप लुटेरा लूट गया
वो साया मुझ से रूठ गया

सोचा था जल्द सवेरा हो
साहिल पे जा के बसेरा हो
अपनों नें अजय भँवर डाली
नौका से माँझी छूट गया
वो साया मुझ से रूठ गया

(रचयिता: अजय)

71. प्रेम रंग

प्रेम रंग जीवन में, चढ़ाया है तुमनें
दिल की बगिया को, सजाया है तुमनें

भटक गए जब, हम सच की राह से
नयन बन रास्ता, दिखाया है तुमनें

वीरानियाँ जीवन में, जब चीखनें लगी
झंकार बन के, वीणा बजाया है तुमनें

राहों में जब, अँधेरे भटकाने लग गए
उजाले के लिए, चैन जलाया है तुमनें

सहते गए ज़ुल्म, हम चुप ही रह गए
बन कर जुबाँ, नारा लगाया है तुमनें

नफरत मिली जब, हमें हरेक मोड़ पर
प्यार किया, दिल को लुटाया है तुमनें

दुनियाँ नें तो, कुरेदे ज़ख्म मेरे "अजय"
मरहम उन पर, सिर्फ लगाया है तुमनें

(रचयिता: अजय)

72. बर्फ में जल

हँसी होठों पे, जुबान पे छाले होंगे
यूँ दर्द में डूबे, तेरे चाहने वाले होंगे

राह न दिख जाए, सुर्ख कभी तुम्हें
लहूलुहान पैर, इस तरह डाले होंगे

आओगे बैठोगे, कहेंगे दिल की बात
कैसे बताएं, जुबाँ पे लगे ताले होंगे

सदा दिल की, कैसे पहुँचे उन तलक
जानते है गिर्द, ग़मों नें बुने जले होंगे

आग से जल के, कहता है छाले हुए
बर्फ में जल, देख कैसे दाग काले होंगे

(रचयिता: अजय)

73. तपिश

जिंदगी में, क्या क्या मुकाम आ रहे हैं
बिन सोचे समझे, हम कहाँ जा रहे हैं

सोचा था महके, बगिया का हर प्रसून
उपवन की राहों में, कांटें बोये जा रहे हैं

महफ़िल में बिछी होंगी, आँखें हुज़ूर की
निगाहें चुराने की, खलिश लिए जा रहे हैं

अब आये अब पहुँचे, टकटकी में नयन
पल पल के इंतज़ार में, जिए जा रहे हैं

वो आयेंगे बैठेगे, ख्याल दे रहा सुकूँ
वो चले जायेंगे, ये दर्द लिए जा रहे हैं

आँसुओं में होती नहीं, वफ़ा हर दफा
देखिये उनको, जो ग़म पिए जा रहे हैं

बुरा साया न पड़े, उन पर ये दुआ
वो रोज़ हमारे, सपनों में आ रहे हैं

चाहत जला डालेगी, क़यामत को भी "अजय"
पिघला दे लोह, ऐसी तपिश से लड़े जा रहे हैं

(रचयिता: अजय)

74. मैं और तू

जन्मों का साथ हमारा
मैं तेरा तू मेरा सहारा

मझधार में है कश्ती
मैं पतवार तू किनारा

एक दूजे से सज रहे
मैं निशा तू सितारा

मिटा अँधेरा दिलों से
तू दीप मैं उजियारा

जीवन कैसे तुम बिन?
कुल्हाड़ी बिन लकड़हारा

बगिया महकती तुमसे
मैं माली तू प्रसून प्यारा

जीवन छोटा "अजय" युद्ध
मैं और तू ये जग सारा

(रचयिता: अजय)

75. रंग लिया किसी नें

रंग लिया उन्होनें, अपने ही रंग में
हर वक्त रहते हैं, वो हमारे संग में

रूह पे छाई है, खुशबू हर समय
वो समां चुके हैं, अब हमारे अंग में

पिलाया आँखों से, हमें इस कदर
लोग कहने लगे, डूबे हो भंग में

कह दो ज़माने से, रुकेंगे नहीं अब
सब जायज़ है, मुहब्बत और जंग में

अच्छा होगा दुश्मनों, न आओ बीच में
ज़हर उतना ही है, जितना होता भुजंग में

(रचयिता: अजय)

76. उनकी गली में

उनकी गली में जा के, हमें क्या हो गया
हमारे पास से, हमारा दिल ही खो गया

जाना पड़ा दोबारा, दिल के वास्ते हमको
लोग बोलने लगे, ये तो दीवाना हो गया

सड़कों पे ढूंढते रहे, अपने दिल को हम
वो बोले दिल तो, हमारे दिल में सो गया

जागने पे बोला, अब अकेला न रहूँगा
उनके दिल में, रहने का आदी मैं हो गया

क्या बताएं दिल की, बातें हम तुम्हें
जाते हुए मीठा दर्द, जिगर में बो गया

(रचयिता: अजय)

77. कहें या ना कहें

मन में नाज़ुक ख्याल है, कहें या ना कहें
बोझ दिल पर विशाल है, कहें या ना कहें

ज़मानें ने हमें, खेलने तलक न दी होली
जेब में हमारे गुलाल है, कहें या ना कहें

देख कर फूल, उन्होनें तो हाथ बढ़ा दिया
ये काँटों भरी एक डाल है, कहें या ना कहें

लबों पे हँसी, दिल में दर्द का दरिया लिए
हमारी भी एक मिसाल है, कहें या ना कहें

कभी तुम को, कभी ज़माने को देखता हूँ
दिल में अजय मलाल है, कहें या ना कहें

(रचयिता: अजय)

78. हादसे

जिंदगी में क्या खोया, और क्या पाया
तुम को देखकर हमें, ये ख्याल आया

सुन कर जिनको, ये आँखें भर आई
जिंदगी के हादसों, पर मलाल आया

किस्सा मजनू का हो, या राँझे का
वक़्त नें फिर से, उस को दोहराया

पूछ कर तुमको, अब क्या लेना है
हमनें ये किस्सा ही, अब निबटाया

(रचयिता: अजय)

79. नववर्ष पर प्रिय को

नववर्ष बने एक मधुर गीत
सौगात में दे एक अमर प्रीत

हर पल इसका सौ साल बने
नव प्रेम हृदय में विशाल बने
गम दुःख रहे विमुख तुमसे
खुशियाँ चहकें बन मनमीत
नववर्ष बने एक मधुर गीत

सरिता की चंचल लहर बनो
चन्दन सुगन्धित सहर बनो
मन हँस व्योम उड़ान भरे

दुःख पर्वत पर सहज जीत
नववर्ष बने एक मधुर गीत

प्रसून सेज नव कोपिल हों
अम्बु डार मधुर कोकिल हों
पपीहा फिर कर्ण गुंजान करे
जीवन हो जाए मधुर संगीत
नववर्ष बने एक मधुर गीत

दस दिशाओं से प्यार मिले
सौभाग्य अमित श्रृंगार खिले
बन मधुर आरती श्रीराधा सी
श्रीकृष्ण प्रभु का अजय गीत
नववर्ष बने एक मधुर गीत

(रचयिता: अजय)

80. हंस से दिल्लगी

कभी इस तरह से, खुद को सज़ा दी है
अँधेरे घर में, सन्नाटों को पनाह दी है

जलाया खुशियों की, बाती को ग़मों से
हमनें तारीक घरोंदों में, रौशनी की है

बुझाना चाहते हो, चिराग को तुम ही
इसकी लौ को, तुमनें ही हवा दी है

इल्ज़ाम से, कोई शिकवा नहीं हमको
फरेबियों को, उस दिल में पनाह दी है

गुस्ताखियों का अजय, हाल देखिये
हंस से आज, कौवे नें दिल्लगी की है

(रचयिता: अजय)

81. रोते हुए मुस्कुराने लगा

जख्म पुराने, कोई सहलाने लगा
तेरा चेहरा, ज़हन में आने लगा

देख कर समन्दर, मेरी आँखों में
दूर बैठा था, मगर करहाने लगा

महफिल में, ज्यों चर्चा हुई मेरी
वो चुपके से, उठ के जाने लगा

दिया बुझा नहीं, दिल में आज भी
वो रोते हुए, क्यों मुस्कुराने लगा

हमसफर हैं, रहनुमा हैं, साथ फिर भी
क्यों संग उनके, वो फिर डगमगाने लगा

(रचयिता: अजय)

दूसरा सर्ग: हिंदी क्षणिकाएं

82. अनकही

मन की बात
वाणी मौन
बोलते नयन
प्रतिक्रिया मौन
अनकही

(रचयिता: आरती)

83. बधाई

मिली तो बधाई

पर

टूटी व निराशाजनक

असंतुष्ट और ऊर्जाहीन

अफसोस भरी

घिसे पिटे शब्द

"अरे कोई नहीं"

बधाई

बेटी जन्म पर

क्या समझूँ इसे?

बधाई या सांत्वना ?

तुम्हें कैसे बताऊँ
मेरा स्वाभिमान है ये
मेरी बेटी है ये

(रचयिता: आरती)

84. मुस्कुराती कुटिलता

बेटे का विवाह
घर में नव वधु
मिली ननंद को बहन
और
सास को बेटी
घर में खुशियाँ
वो भी कुछ दिनों की
समय का फेर
गृह कलह के मुद्दे
तलाशती
गृह विभाजन की
नींव डालती

कुटिलता दिखाती

राजनीति करती

किसी की बेटी

अपमानित होते वृद्ध

आँख में समन्दर भरे

बेटे समक्ष

वधु की तारीफ करती माँ

खुश होता पुत्र

मुस्कुराती कुटिलता

(रचयिता: अजय और आरती)

85. स्पर्श

माँ का वात्सल्य

बाप की दुआ

भाई बहन का साथ

रुग्ण के माथे पर

चिकित्सक का हाथ

हृदय मिलन में

होठों की भाषा

रति में

प्रेम संचार

स्पर्श

(रचयिता: अजय और आरती)

86. आँख

ढूंढती
रिश्ते
सम्बन्ध
गहराई
प्यास
स्वार्थ
झूठ
आँख

(रचयिता: आरती)

87. प्यार

प्रतीक्षा

तकती राह

कुछ आहट

आँखों में चमक

प्यार

(रचयिता: आरती)

88. घुटन

अवरुद्ध
साँस-मन
विचारों में आँधी
हवा की प्यास
घुटन

(रचयिता: आरती)

89. विश्वास

भक्ति का भाव
वात्सल्य की छाँव
प्रेम की बौछार
मिट्टी की सौंधी सुगंध
विश्वास

(रचयिता: आरती)

90. सागर

अथाह विस्तृत

गहरा शांत

लहरें विशाल

काल ग्रास सम

निगलने को तैयार

सागर

(रचयिता: आरती)

91. नदी

निर्मल अविरल

बहती कल कल

पाषाण काटती

लगती चंचल

राह बनाती

नदी

(रचयिता: आरती)

92. चिड़िया

चहकती वृक्ष पर
हुआ प्रभात
दाने की प्रतीक्षा
पहचानती अपना स्थान
आने का कराती भान
चहचहा पुकारती
नन्ही चिड़िया

(रचयिता: आरती)

93. जिंदगी

चलते चलते राह में

अच्छा बुरा सिखाती

नित नूतन रिश्ते बनाती

पल पल नया दे जाती

कभी मित्र सी

कभी शिशु सी

जिंदगी

(रचयिता: आरती)

94. विश्राम

लम्बा सफ़र

बीमार तन

कुंठित मन

वृद्ध काया

चाहें

विश्राम

(रचयिता: आरती)

95. मोती

बिखरा

फिर गुंथा

धागे में

बना हार गले का

था अकेला जब

रह गया

केवल

मोती

(रचयिता: आरती)

96. आशा

पतझड़ जाने की

सावन आने की

कोयल कूकने की

बदली छाने की

उनके आने की

निरंतर बढती

आशा

(रचयिता: आरती)

97. शिशु

मंद मंद मुस्काये

कभी हँसे

कभी होठ बनाये

कोमल कपोल गुलाब रिझाए

नन्ही नन्ही बाहें फैलाये

आओ देखो बुलाये

शिशु

(रचयिता: आरती)

98. वर्षा

शीतल

नीर फुहार

नाचती झूमती

वृक्षों की बाँहें

मुस्कुराते फूल

नहाते पत्ते

झाँकती

नवीन कोंपल

वर्षा

(रचयिता: आरती)

99. बेटी

कोमल हाथ
माथे पर
माँ सा दुलार
विलुप्त होती चिंता
माँ को दुलारती
बेटी

(रचयिता: आरती)

100. सुपुत्र

बाप सा प्यार

कष्ट हरण को तैयार

स्वयं परेशान

फिर भी

माँ की सुश्रुषा करता

और

इच्छापूर्ति

को तैयार

सुपुत्र

(रचयिता: आरती)

101. मैं

बेटी में खोजती

बचपन अपना

माँ में खोजती

भविष्य अपना

खोजती निरंतर

सुख दुःख

मैं

(रचयिता: आरती)

102. जाना पहचाना

एक अजनबी

दोस्त या

दुश्मन या

अंजाना या

महज़ उदासीन

लेकिन लगता

जाना पहचाना

(रचयिता: आरती)

103. ज़िद्द

अकड़ती कभी
तो कभी
रूठती
कभी चिल्लाती
तो कभी
चिडचिड़ाती
जिद्द

(रचयिता: आरती)

104. जीत

परीक्षा में
रेस में
मिलनें में नौकरी
जीतनें में मुकदमा
दिलाती ख़ुशी
जीत

(रचयिता: आरती)

105. प्यास

सूखते गले व जुबान में
भीषण गर्मी से तपते बदन में
काया सुलगाते विरह में
बदली तकते पपीहे में
मृगमरीचिका में
तन मन जलाती
तड़पाती प्यास

(रचयिता: आरती)

106. क्षमा

भूल का उपचार

प्रायश्चित का आधार

अपराध बोध का दर्द

कभी गर्म कभी सर्द

निर्बल की मजबूरी

क्षमा

(रचयिता: आरती)

107. सम्बन्ध

पति पत्नी का
बेटा बेटी का
सास बहु का
माँ बाप का
भाई बहन का
सखा सखी का
टूटता विश्वास
दम तोड़ता सम्बन्ध
एक दुश्मन
स्वार्थ

(रचयिता: आरती)

108. आरम्भ

बीती निशा

खिला सूरज

पुष्प मुस्काए

महका उपवन

चहकी चिड़िया

खुला आकाश

जगा संसार

एक नया

आरम्भ

(रचयिता: आरती)

109. वृक्ष

अडिग खड़ा

हर मौसम

थपेड़े खाता

सहता चुपचाप

खिलता मेह से

छाया देता नेह से

बना जीवन दर्पण

वृक्ष

(रचयिता: आरती)

110. दर्द

असहनीय

अकथनीय

पर

मोड़ पर जिंदगी के

मिला अक्सर

बार बार उभरता

प्रतीक्षारत

मुस्कुराता

कुटिल

दर्द

(रचयिता: आरती)

111. सपने

मन के

कोने से

जन्म लेती

एक

मधुर आवाज़

उम्मीद के पंख से

ज़िंदगी के

झूठ

सच

की हवाओं पर

झूझती

एक परवाज़

(रचयिता: अजय)

112. नफरत

अज्ञान के
हाथों
अहंकार की
भूमि
में अंकुरित हुआ
विष शूल
से सजा
स्वजाति - नरभक्षी
क्रोध द्वारा
छुआ
एक आत्मघाती
पौधा

(रचयिता: अजय)

113. भविष्य?

जो दर्द

मैंने पाया

न चाहा

पर

मिला बेटी को भी

नारी सुलभ सोच

से परेशान

सोचती मैं

पोती का

भविष्य?

(रचयिता: आरती)

114. मार्ग में मौत

एक भीड़

नीचे गिरता कंकड़

टूटता विशाल पर्वत

काल का ग्रास

सतर्क पथिक

मार्ग में मौत

(रचयिता: आरती)

115. वो

वो प्यारा है

थोडा न्यारा है

कभी मीठा

तो कभी खारा है

वो कहीं हो

कैसा भी हो

दिल से किसी का भी हो

सच कहती हूँ

पर वो

मेरा है

(रचयिता: आरती)

116. बुने नाता

मेरी

आह को

क्यों सुने कोई

अश्कों को

क्यों चुने कोई

फुर्सत मिले

दिल्लगी से

लोगों को

तो

दिल का नाता

बुने कोई

(रचयिता: आरती)

117. मंजिल

सोचा था कभी
छूना है आसमान
पर छोटे पंखो से
कैसे करती पार
भयानक तूफान?
अचानक मैं उड़ी
परवाज़ बढती गई
छट गया तूफान
खुला आसमान
मेरी ऊंची परवाज के
विशाल पंख
तुम

(रचयिता: आरती)

118. पथ का वृक्ष

राह में खड़े वृक्ष

धूल धुएं के थपेड़े खाते

जमता धुआँ और धूल

तुम्हारे तन पर

जिससे

घुटता श्वास तुम्हारा

तभी तो

आसमान तकते

और बूँद को तरसते

तुम

आस लगाये रहते

बरसने के सावन की

जिससे

झूमें नाचें लहराएँ

पायें नव जीवन

तुम और मैं

मुक्त हो कर

प्रदूषण से

(रचयिता: आरती)

119. भ्रम

देखती हूँ
एक मौत
ढूंढती साँस की लय
निश्चल पड़ा शरीर
पत्थर हुए खुले नेत्र
बेजान हाथ
बर्फ सा तन
पाषाण सम रुका हृदय
स्थिर अंगुली
विलाप और अश्रु बीच
शीघ्र ले जाने
की आवाज़ें

समाप्ति एक
चलचित्र की
और शुरू
ड्रामा अपनों का!
किस्से निकटता के
घडियाली आँसू
दिखावे के
और निगाहें
वसीयत, पासबुक
और तिजोरी पर!
मुस्कुराती हूँ
उस भ्रम पर जो
पाल रखा था
अभी तक

(रचयिता: आरती)

120. माँ

कभी दुलारती
तो कभी फटकारती
कभी समझाती गलतियों पर
तो कभी बस बोलती आँखों से ही
होती कभी खुश देखकर
तो कभी नाटक करती नाराज होने का
गलती छुपाती मेरी कभी पिता से
तो कभी धौंस देती शिकायत करने की
अधिक शैतानी पर मारती
और फिर एकांत बैठ रोती चुपचाप
कोई मेरी तारीफ करे तो
नज़र तक उतारती

मैं जानता हूँ तुझे
तू तब भी मुस्कुराती थी
जब मैं लात मारता था गर्भ में तेरे
तू न हारी कभी
न हारने दिया मुझको
माँ

(रचयिता: आरती)

121. फटता बादल

रात का सन्नाटा

एक पहाड़ी बस्ती

गहरी नींद में लोग

कान फाड़ती आवाज़

कांपती खिड़कियाँ

घर समेत बहते लोग

कुछ लाशें कुछ चीखें

शेष कुछ खंडहर

एक तांडव

फटता बदल

(रचयिता: आरती)

122. मौत

खिड़की से दिखते

रूई से सुंदर श्वेत बादल

अचानक भागते काले बादल

पंछी के पंख से

फड़फड़ाते जहाज के डैने

कानों में चीख

महिलाओं व बच्चों की

घुटन साँस में

पसीना माथे पर

हथेलियाँ नम

साँस जाता थम

जुबान सूखती परंतु

सामने रखा पानी

न उठा सकने वाले निष्प्राण हाथ

जिन्दगी और मौत के बीच

तूफान में झूलता हवाई जहाज

और सहमे यात्री

(रचयिता: आरती)

123. सफ़र में

सफर में चलते चलते
देखी ऊँची ऊँची इमारतें
अगल बगल चलते वाहन
चिंघाड़ते होर्नों की आवाज़
देखा खुलती बंद होती
स्ट्रीट लाइटों को
बस नहीं देखा तो
फुटपाथ पर सोते कंकाल
साथ साथ चलते वृक्ष
वाहनों की गति से
हिलती उनकी पत्तियाँ
जमती धूल मिटटी!

न समझ पाए
घुटन, दर्द उस मुरझाते
सड़क किनारे खड़े
वृक्ष का!

(रचयिता: आरती)

124. बेटियाँ

नन्ही कोमल अँगुलियों से

बाप के बाल खींचती सहलाती

कानों में शहद घोलती

आवाज़ से पापा बुलाती बेटी

जेब में पैसे कम होने पर भी

बेटी को मोबाइल स्कूटी दिलाते माँ बाप

पापा की पैंट शर्ट धोते हुए

बेफिक्री से जेब टटोलकर

पर्स निकालती बेटी

अपनी जरूरत के लिए

बेफिक्र अलमारिया टटोलती बेटी

परन्तु विवाहोपरांत मायके आकर

माँ बाप भाई के हर सामान को

छूने में संकोच दिखाती और

माँ द्वारा बाज़ार से सामान दिलवाने पर

अक्सर अपना पर्स टटोलती

बेटी

(रचयिता: आरती)

125. वधु की माँ

घर में खुशियाँ

बैंड बाजे रौनक

नव वधू स्वागत

सास नन्द का उत्साह

दूल्हे की वाह वाह

समय का फेर

घर में अदालत

ननंद देवर वकील

सास ससुर जज

मूक दर्शक पति

अपराधी वधू

आँखों में समंदर लिए

हाथ मलती

वधू की माँ

जुर्म व कानून को

परखता बाप

(रचयिता: आरती)

126. राख में अंगार

शांति हेतु हवन

बुरी स्थिति व खराब ग्रह

से मुक्ति की आस

समिधा लगाते, आहुति देते

परिवार के लोग

शांत हुआ हवन कुंड

शांत व ठंडी होती राख

छुपाए हुए अंदर

सुलगते आक्रोश

जलते सुलगते

अंगार

हवन की राख में

और

मन में भी

(रचयिता: आरती)

127. सन्नाटा

कानों में सन्नाटे की आवाज

सुनसान मार्ग

पद चाप सुनने को आतुर

अचानक

हिंसक भीड़ का सैलाब

सैकड़ों गाड़ी और

होर्नों की आवाज

लाता पैगाम

हड़ताल, आतंक और

खौफ का

देता क्या?

जली हुई दुकानें

खून के छींटे

विलाप करती माँ बहने

फिर वापस वही सूनापन

अंतर्मन को घायल करता

सन्नाटा और

राजनीति के हवन में

आहुति बनती मानवता

का एक सत्य

(रचयिता: आरती)

128. लाल पलाश

जब भी झांकती हूँ
खिड़की से
या जब आती हूँ आँगन में
दरवाज़ा खोलकर
तुम यों ही मुस्कुराते हुये
शीतल हवाओं में अपनी
लाल टीशर्ट पहने
मचलते हुए खड़े रहते हो
जिससे मेरे दिलों दिमाग तक
आती है
तुम्हारे कोलोंन की खुशबू
मैं जानती हूँ

तुम बरसात में

अपनी रंगीन जुल्फों को

भिगोकर हिलाते हो

जिसकी ठंडी फुहार

आती है मुझ तक

मेरी खिडकी से

आज मैं रोक नहीं पाऊँगी

अपने आप को

और जाकर छू लूंगी

तुम्हारे कोमल मन और सुंदर तन को

चूम लूंगी तुम्हारी काया को

तुम मेरे प्रियतम

मेरे आँगन मैं उगे

पलाश के पुष्प से लदे

वृक्ष

(रचयिता: आरती)

129. रिश्ते-एक धागा

जिंदगी की किताब
के पन्ने पलटती हूँ
और देखती हूँ
कुछ टूटे
कुछ छूटे
कोई नवीन
तो कोई प्राचीन
स्वार्थ से
खुश या नाराज़ होते
रिश्ते
तुम एक धागा हो

जिससे बंधे मेरी
जीवन की किताब के
सभी पन्ने

(रचयिता: आरती)

130. बादल का टुकड़ा

जीवन की वर्षा ऋतु में

एक टुकड़ा बादल का

कभी दूर तो कभी पास

बस जाता कभी तन मन में

मुस्कुराता कुटिल सा

धुंधलाता नज़र को

घोट देता साँसों को भी कभी

कैसा ये बादल का टुकड़ा

दुःख

(रचयिता: आरती)

131. पथिक

चल रहा था मैं

पथ पर

जिंदगी की उधेड़ बुन में

प्रातः काल भ्रमण को

प्रकृति की छटा

को निहारता

गिरा अचानक सर पर

एक भारी वृक्ष

गिरा ज़मीं पर

मैं और वृक्ष

मृत हुए हम दोनों

(रचयिता: आरती)

132. मैं वृक्ष

न चाहा रोकूँ पथ

न चाहा सूखूं पतझड़ से

न चाहा बंजर कहे

कोई मेरी भूमि को

मैंने चाहा दूँ

मीठे फल, शीतल छाया

और औषधि

पर पीड़ा हुई मुझे

आया भयंकर तूफ़ान

झकझोरा मुझे

क्षीण किया मेरी जड़ों को

गिरा दिया मुझे पथ पर

एक पथिक के ऊपर
हुआ अंत
मेरा और पथिक का
दोष किसका?

(रचयिता: आरती)

133. ये क्यूँ हुआ?

चहकने लगी चिड़िया

शीतल पवन चल उठी

खिलने लगी नव कोंपल

महकने लगा उपवन

घटा छाई सावन की

बरसी रिमझिम फुआर

कूकने लगी कोयल

नाचे मोर झूम के

भँवरे नें चूम लिया सुमन

हो न हो

ये तुम आये

(रचयिता: आरती)

134. काला बादल

खुश हो जाती हूँ मैं

देखकर काली घटा

खुश हूँ कि बरसेगी

बुझेगी प्यास धरा की

नहायेगें पत्ते वृक्षों के

महकेगी क्यारी आँगन की

पर आज टीवी पर

ब्रेकिंग न्यूज़

बादल फटा

हुई मौत और तबाही

निराश हूँ
क्यों किया तुमने
काले बादल?

(रचयिता: आरती)

135. जलन

पहुंची हूँ एक मंजिल पर
हासिल हुई ऊंचाई
मिली शोहरत भी
और पूरी हुई
जिम्मेवारियां भी तो
तभी तो दे रहे है
सभी बधाई
पर कुछ अपने
देख भी रहे हैं
शंका से, अविश्वास से
कर रहे हैं कानाफूसी
मैं महसूस कर रही हूँ

कुछ धुआं
शायद कुछ तो
जल रहा है
कहीं

(रचयिता: आरती)

136. रौशनी

रौशनी निकलती
कभी सूरज से
तो कभी चाँद से
एक तपाती तन को
एक कर जाती
शीतल मन को
सुख दुःख
धूप और चांदनी से
सूरज और चंदा
मेरी जिन्दगी के

(रचयिता: आरती)

137. हमसफ़र

सफ़र मुश्किल था
पथ था कठिन
मन में एक डर
एक तूफ़ान का
राह में काँटों का
चल पड़ी मैं
बस चलती गयी
थका बदन और टूटता सांस
मार्ग आधा हुआ था अभी
दौड़ चली मैं
पांव में दर्द पर
मन में जोश और

चेतना में होश

मिल गयी मंजिल

हैरान थी मैं

तुम कब आ गए

मेरे हमसफ़र

(रचयिता: आरती)

138. बादल की चाह

धरती से उठता बादल

चला उड़ा

आलिंगन करता राह को

चूमता पहाड़ का मस्तक

देता हरियाली व ताजगी

सूखे बंजर पहाड़ को

और

चोटी पर खड़े वृक्ष को छू कर

पहुँचता गोद में

प्रतीक्षा करते आसमान की

और चाहता फिर

बदली बन बरसूँ

गिरूँ धरती की गोद में
बनाऊँ नया जीवन
नई पौध, नई फसल, नया उपवन
और करूँ सृजन

(रचयिता: आरती)

139. वृक्ष की चीख़

कटकर जमीन पर गिरता

अपना स्थान बनाता

दोबारा कटने को तैयार

किसी की कुर्सी बन आराम देता

किसी की नींद के लिए

शैया बनता

परन्तु सोचा कभी?

आरा मशीन में

चलती जब आरी

देती एक दर्द भरी आवाज

सीना फाड़ती

चीरती काटती

महसूस कराती
असहनीय दर्द
जो होता बार बार
वृक्ष को

(रचयिता: आरती)

140. जुगनू सी

मेरी जिंदगी

जुगनू सी

भुलावा प्रकाश का

बन जाता है

तुरंत अंधकार

प्रयास पकडने का

एक बच्चे सा

फर्क

वो जिद्द कर सकता है

रो भी सकता है

पर मैं ?

खैर जाने दो

कुछ बातें करें
इसे छोड़कर
जो कहलाती है
मेरी जिंदगी

(रचयिता: अजय)

141. प्यार सुनामी

एक
पागलपन
लिये
सुनामी की
लहर
परन्तु
सर्जन करता
हृदय का सच्चा
सत्य अन्वेषण
हेतु
संघर्ष करता
और

असत्य में

उलझ कर

संघर्ष कर

रुदन करता

एक बच्चा

(रचयिता: अजय)

142. जीवन

एक बड़ा पहाड़

टूटा हुआ पत्थर

गिरा बिखरा

हुआ कंकड़

जीवन

(रचयिता: आरती)

143. बदली

मैं एक बदली

वर्षा बन कर बरसी

मिली नदिया में

एक थी आशा

राह पकडती

चलती चलती

उम्मीद के साथ

पायी अपनी मंजिल

और गहराई

हो कर

सागर के संग

क्या हूँ

मैं अब?

बदली?

नदिया?

या

सागर?

(रचयिता: आरती)

144. दहलीज़

मुस्कान लबों की
रौनक या समन्दर
आँखों का
गुजरता है
कारवाँ सबका
होकर दहलीज़ से तेरी

(रचयिता: अजय)

145. फलसफा

लिखा

जो फलसफा

दिल से तुमनें

दिल पर मेरे

दूरियाँ मुद्दतों से

दिलों में थी

काफूर हो गयी

(रचयिता: अजय)

146. आँसू

आँसुओं
की धार को
कब रोक पाया है कोई
निकल जाते हैं
दर्द ले कर
यूँ ही दिलों से

(रचयिता: अजय)

147. बुलबुला

पानी का बुलबुला

मन को

कुछ दुखा गया

पैर न उठा

ज़मीन से

कान में बता गया

(रचयिता: अजय)

148. प्रेम

मत ढूँढ़
जालिमों की
महफ़िल में
मैं तो
अहसास हूँ
दिलों में
बसा करता हूँ

(रचयिता: अजय)

149. फ़िक्र

अश्कों की

फ़िक्र

जान को कहाँ?

बैठे हैं

देने जान

उसी जान

के लिए

(रचयिता: अजय)

150. इश्क

अलविदा

कह कर भी

वो जुदा नहीं होगा हमसे

इश्क बुलबुला नहीं

जो फूट जाएगा

बाहर आ कर

(रचयिता: अजय)

151. ये आँखें

तुझे देखने को
क्या काफी हैं
ये आँखें?
सच है
नाकाफी हैं
ये आँखें

(रचयिता: अजय)

152. मुहब्बत की राहें

दूर ही रहना

इन राहों से

ये नहीं हैं आसाँ

खो जाया

करते हैं इनमें

दिल्लगी

करने वाले

(रचयिता: अजय)

153. दिल की दुनियाँ

मत झाँको इनमें

हैरान कर देगी

ये दुनिया दिल की

हुआ करती थी

जो ताकत

कमजोरी बन चुकी है

आज

(रचयिता: अजय)

154. अंगड़ाई

क्या हुआ

हवाएं

रुक गयी

ये लाज़मी है

अंगड़ाई ले रहे हैं

वो

(रचयिता: अजय)

155. दोस्ती में दुश्मनी

दुश्मनी की
सीमाएं
देख ली है
दोस्ती में तेरी
अब तो
इंतज़ार है
तू आये
और
क़त्ल कर दे

(रचयिता: अजय)

156. सुकून

दोस्तों की
महफ़िल में
दम घुटने लगा है
अब
दुश्मनों की
दुनिया में
मिलने लगा है
सुकून
जिंदा रहने का

(रचयिता: अजय)

157. वफ़ा

तू गया तो

अहसास हुआ

क्या चीज़ है वफ़ा

तुझ से पहले

वफ़ा महज़

लफ्ज़ थी

ग़ज़ल का

(रचयिता: अजय)

158. दिल का टूटना-जुड़ना

टूटता प्यार में

तो

जोड़ लेते इसको

जुड़ता नहीं दिल

खेल में

दिल्लगी के

(रचयिता: अजय)

159. कतरा कतरा

जान ले लेता
एक ही बार में ही
तो सह लेते
शिद्दत ए दर्द भी
वो बार बार
करता गया दिल्लगी
हम मिटते गए
कतरा कतरा

(रचयिता: अजय)

160. व्यापार-प्यार

मैं था
सिर्फ मैं
और
तू तू था
व्यापार था
मैं रहा न मैं
फकत तू था
प्यार था

(रचयिता: अजय)

161. प्रेम

बोल निकलें
लबों से बाहर
तो हुआ क्या
एहसास मेरा?
मैं चोर हूँ
आँखों से आँखों में
चला जाता हूँ
चोरी से

(रचयिता: अजय)

162. दरिन्दे

सत्ता के
गलियारे
इंसानियत को
खा जाते हैं
ये दरिन्दे
तो जिंदा हैं
खुराक पर
लहू की

(रचयिता: अजय)

163. धोखा

छुरी गर्दन पे
चली तो
पहचान हुई
ये ही वो आवाज़ है
जो घोलती थी
मिठास कानों में

(रचयिता: अजय)

164. आज़माइश

कर लो
आज़माइश
पर इतना न भूलना
टूटे हुए पत्ते
शाख पे
फिर जुड़ नहीं पाते

(रचयिता: अजय)

165. इश्क़ में अनपढ़

वो पूछते रहे

बहुत कुछ

मेरे बारे में

मगर अफ़सोस

पढ़ न सके

नज़रों को

मेरी

(रचयिता: अजय)

166. काव्य

वो महज़ नहीं था

कलाम

जिसको दाद ए महफ़िल

मिली

वो मेहरबानियाँ तेरी

और ग़म मेरे

शामिल थे

हर लफ्ज़ में

इसके

(रचयिता: अजय)

167. डर रूठने का

मुझे ग़म नहीं

कि तू रूठ कर

चला गया

ज़हन में मेरे

डर है

तू कहीं

टूट न जाये

(रचयिता: अजय)

168. प्यार बर्फ है

न आग का

दरिया है

न डूब के

जाना है

प्यार बर्फ है

जो जमा देती है

दो रूहों को

(रचयिता: अजय)

169. बात न करना

नाराज़गी दिखा कर

बार बार

बात न करना

चुभ गया दिल को

ये तय है

तुम से तो क्या

खुद से भी

बोल ना पायेंगे

हम कभी

(रचयिता: अजय)

170. मुहब्बत में नींद

सो जाया
करते थे
हँस कर रोजाना
हुई मुहब्बत
तो जागने लगे
रातों को

(रचयिता: अजय)

तीसरा सर्ग: देश के लिए

171. भारत वन्दना

मातृ भूमि संतान हैं हम, करबद्ध प्रार्थना करते हैं
हे माँ भारती तुझ पर हम, प्राण न्यौछावर करते हैं

नारी यहाँ विदुषी हो, युवक नीतिज्ञ गुणवान बने
लहरे तिरंगा व्योम तक, अखिल विश्व सम्मान रहे

भारतजन यशस्वी हों, विशुद्ध ज्ञान का हो प्रकाश
दिव्य दृष्टि राजा की हो, हो शत्रु दृष्टि का सर्वनाश

नवज्ञान सर्जन हो प्रतिपल, नव निर्माण की होड़ रहे
भारत की नारी गार्गी बने, पंथ का पंथ से जोड़ रहे

भ्रष्ट तंत्र को कर धूमिल, राजा संग आगे बढ़े चलें
मन्त्र सनातन गुँजित हों, शत्रु तंत्र की जड़ें हिलें

दुश्मन अन्दर हो या बाहर, कवि शर शत्रु संधान रहे
जब तक नभ में तारे चमकें, ये मेरा हिंदुस्तान रहे

(रचयिता: अजय और आरती)

172. श्रीराम मंदिर अयोध्या स्तुति

राम हमारे मन की पूजा, सिया रामलखन दिलासा है
सिया राम से चमक उठी, अयोध्याजन की आशा है

राम एक जीवन की पुस्तक, राम ही तो मर्यादा है
राजा प्रजा भारत में अब तो, रामराज्य का वादा है

राम त्याग हैं, राम ने भोगा, चौदह वर्षों का वनवास
ऊँच नीच भेद न आया, चखा शबरी झूठन का स्वाद

राम कुसंगत के दुश्मन हैं, रावण दशानन बीस हाथ
हनुमत ने साधी राम भक्ति, भजा श्रीराम को दिन रात

सुग्रीव विभीषण राज करें, राम वचन पालक बनते
पितृवचन मर्यादा रख, सनातन धर्म चालक बनते

जब राजधर्म था मर्यादा, भार्या सिया परित्याग किया
त्यागमूर्ती बनकर सिया ने, रात दिन एक जाग किया

श्रीराम समान बने राजा, सौम्य सरलता बनी रहे
प्रजा बने अयोध्यासम, बंधुत्व तरलता बनी रहे

जिस दिन पूरा हो ये मंदिर, नाच उठेंगे झूम झूम
विश्व करे अर्पित उस दिन, श्रद्धा के कोमल प्रसून

भारत का जन चाह रहा, राममंदिर में प्राण रहें
जब तक प्राण देह में हैं, सिया राम गुणगान रहे

(रचयिता: अजय और आरती)

173. तुम आज यूँ आये

रात बढती गयी

नज़र चढ़ती गयी

इंतज़ार होता गया

सारा जग सोता गया

पुष्प मुरझाये

तुम नहीं आये

मृदंग भी बजने लगे

सैन्य बल सजने लगे

शंख फिर बज उठे

गगन में ध्वज उठे

सीमा प्रहरी छाए

तुम नहीं आये

बारूद फटने लगे

दुश्मन छटने लगे

गोलियां चलने लगी

चीखें निकलने लगी

सांसें फिसलने लगी

अंखियन अँधेरे छाए

तुम नहीं आये

भारतवर्ष छा गया

तिरंगा लहरा गया

सीने पे गोली खा गए

ताबूत में तुम आ गये

आँसूं हमारे आये

तुम आज यूँ आये

तुम आज यूँ आये

(रचयिता: अजय)

174. मरे हुए लोग

प्यास बुझती नहीं

देश था परतंत्र

गुजरे ज़माने की बात है

मुद्दतों बाद

तुमसे मुलाकात है

गुलामी की ज़ंजीर

डली थी पाँव में

तपती धूप

दोपहरी जेठ की

कौन बैठता था छाँव में

पर प्यास तो थी

जीभ पर नहीं

ज़हन में
युवाओं के सिर पर
ज़नून था आज़ादी का
फौलादी नसों में
इन्कलाब था
लोहा दौड़ता था नसों में
खून नहीं
और
सैलाब था
ज़ुनून का
अंग्रेजों की मौत का
खुद मर मिटने का
बया के घोंसलों सी
लटकती थी लाशें
यहाँ वहाँ
भारत माँ के सपूतों की
ये प्यास थी इन्कलाब की
जिसके दम से
आज मैं और तुम

साँस ले रहे हैं

खुले आसमान के नींचे

पर

आज मेरे देश में क्या नहीं है ?

हरियाली है

खुशहाली है

पर बहुत से पेट

आज भी खाली हैं

क्यों ?

एक प्यास आज भी है

जो बुझती नहीं

एक हवस है

जो रूकती नहीं

खाली पेटों में नहीं

भरे पेटों में

गिद्ध ग़रीबों को

नोंच रहे हैं

और

हम सोच रहे हैं

सर झुकाए खड़े हैं
मुर्दा से गड़े हैं
हो गए हैं हम
मरे हुए लोग

(रचयिता: अजय)

175. शूकर (सूअर)

जीवन की रंग तरंगों को, जो कविता में जी लेते हैं
आँखों में प्रिय की मदिरा भर, दिन बासर जो जी लेते हैं

रूप सौन्दर्य की वर्षा से, कवि उपवन जिनका खिलता है
प्रिय की साँसों की गर्मी से, हृदय कमल फिर खिलता है

ऐसी रंग तरंगों की, मैं बात नहीं कर सकता हूँ
मन की कुंठा व पीड़ा, मैं कविता से हर सकता हूँ

जौंक बने जो परजीवी, भारत को जकड़े बैठे हैं
जासूस बने हैं दुश्मन के, कातिल हैं अकड़े बैठे हैं

मेरी कविता उनकी जड़ में, अब ज़हर डालने आई है
कीचड़ में पड़े इन कीड़ों पर, ये कहर डालने आई है

कीचड़ कीड़ों की करतूतें, कविता में बाँध के लाता हूँ
कीचड़ प्रेमी एक सूअर की, कथा तुमको सुनवाता हूँ

कीचड़ में शूकर पड़ा देख, हम तिरस्कार से यूँ बोले
बदबू से करके नाक बंद, कविता से अपने लब खोले

मल मूत्र ढेर कूड़ा कर्कट, नाले का कीचड़ या काई
इतनी मस्ती में कैसे तुम, अपना मुख चला रहे भाई

मानव की विष्ठा पर निष्ठा का, कैसा अद्भुद संसार है
देख तुम्हारी चप चप को, तुम को मेरी धिक्कार है

कटु शब्द सुने सूअर चौंका, कवि को कविता में टोका
देख चकित रह गया तभी, जब शुकर ने कवि को रोका

दृष्टि दोष है मानव का, बनता ये बहुत महान है
मानव अब चरित्रहीन हुए, सूअर चरित्र महान है

कूड़ा करकर भी मानव के, स्वच्छ घरों से आता है
कूड़े में शामिल चीजों से, सिर मेरा तो झुक जाता है

मेरे बालक उस कूड़े को, खा खा कर ही तो पलते हैं
बिन ब्याही माँ के बच्चे क्यों, उस कूड़े ही में डलते हैं

विष्ठा से पला सूअर फिर भी, क्यों मानव को भा जाता है
मानव की विष्ठा मैं खाता, वो मुझ को ही खा जाता है

शाकाहार खाने वाले भी, शूकर शरीर से पलते हैं
मानव ही मानव को देखो, कैसे विश्वास से छलते हैं

शाकाहारी मतवाले, जो पोर्क नहीं खा पाते हैं
देशी घी में मिली हुई, मेरी ही चर्बी खाते हैं

मानव शरीर के कण कण में, मैं भोजन बन रम जाता हूँ
उसकी विष्ठा को इसी लिए, मैं इतने चाव से खाता हूँ

मानव समाज की सेवा में, सूअर न बदला करता है
मैं दुखी हूँ क्यों मानव मेरे, चरित्र पे हमला करता है

सूरी का हर एक बच्चा, मेरी औलाद कहलाता है
मानव मानव को गाली दे, मेरी औलाद बताता है

"सूअर का बच्चा" कह कह कर, मानव मानव को डांटेगा
सूअर समाज मानव चरित्र को, किस दृष्टि से आँकेगा?

सभ्य समाज के नियम में तो, माना मानव ही अच्छे हैं
गाली तो हम भी देते हैं जी, पर हम चरित्र के सच्चे हैं

मेरे बालों के ब्रश से, मानव घर में रंग भरता है
सूअर की गाली सुन, मेरा मन अक्सर डरता है

मानव मानव को धोखा दे, ये होता यहाँ कमाल है
धोखा खा गाली देता, "आँख में सूअर का बाल" है

इतिहास के स्वर्णिम पन्नों में, सूअर से खेली चाल है
मानव ने दुरुपयोग किया, इसका ही हमको मलाल है

पंथ पंथ भाई भाई होते, क्यों आपस ही में बँटते हैं
सांप्रदायिक दंगों में भी, अक्सर सूअर ही कटते हैं

नेता नेता कीचड उछाल, दलदल में ही तो रहते हैं
हम बाहर से गंदे दिखते हैं, मन से निर्मल रहते हैं

संसद में जंगल राज बना, जनप्रतिनिधि क्या करते हैं
देश का चीरहरण करके, आपस में लड़ कर मरते हैं

अपनी कुर्सी के चक्कर में, भाई भाई को बाँट रहे
देश में चाहे आग लगे ये, अपने वोट को छाँट रहे

झूठी जुबान से बक बक कर, क्या हमनें देश को बाँटा है
मानव की तरह क्या कभी किसी, सूअर ने थूक के चाटा है

देश प्रेम में गर देखो, सूअर का पलड़ा तो भारी है
सभ्य समाज को रचने में, सूअर प्रयास तो जारी है

(रचयिता: अजय)

176. विस्फोट

एक विस्फोट

सड़क पर बिखरे

लाल छींटें

तहलका

चीख पुकार

अंग प्रत्यंग के

बनते चीथड़े

गिद्ध आसमान में

टी आर पी बनाते न्यूज़ चैनल

मुद्दा बनाता विपक्ष

निराशा का

घना अन्धकार

नव प्रभात

गयी रात

दिखाई दिया

तिनका

उठाता गिराता

घोंसला बनाता

पक्षी बया

विजयी होता

सृजन

हताश हारता

आतंक

(रचयिता: अजय)

177. हिंदी गौरव और पीड़ा

जीवन की पीड़ा के सच को, लय में बाँध के लाती हूँ
मैं विधा पद्य हिंदी की हूँ, हिंदी कविता कहलाती हूँ

मैं आज यहाँ आयी देखो, क्या मेरा तुमसे नाता है
जिसका सुख दुख मैं गाऊँगी, वो हिंदी मेरी माता है

हिंदी भाषा तो माता है, मैं उसका कर्ज़ चुकाऊंगी
दिखा उसका जीवन दर्पण, आज धन्य हो जाऊंगी

जननी है संस्कृत हिंदी की, आर्य परिवार क्या कहने हैं
पंजाब गुजरात मराठ बंगला, हिंदी की ही तो बहनें हैं

हिंदी कविता हूँ वैसे तो, हिंदी के दिल की प्यारी हूँ
पर राजभाषा के अश्रु को, मैं पोंछ पोंछ कर हारी हूँ

अंग्रेजी से मेरा बैर नहीं, वो हिंदी ही की बहना है
उसने हिंद को है नौंचा,तब मुझ को कुछ कहना है

देखो रे शान कहा हमनें, वो डेकोरेशन कहती है
हिंदी के शब्दों को कैसे, ये चोरी से हर लेती है

इंग्लैंड से आ कर चुपके से, भारत में कैसे आ बैठी
ये क्रंदन मेरे हृदय का है, ये हिंदी को ही खा बैठी

परतंत्र हुआ भारत जब, हिंदी कविता गर्जायी थी
वीर रस की आँधी से, परतंत्रता मार भगायी थी

रंग दे बसंती चोला से, भारत जन जन जागा था
कायर अंग्रेज भारत से, दुम दबा कर भागा था

वन्दे मातरम गा गा के, बाँके फाँसी पर झूल गए
हिंदी की हुँकार को फिर, कैसे सब जन भूल गए

देवकीनंदन खत्री नें, "चंद्रकांता" लिखी थी
अखिल विश्व नें पढ़ने को, फिर हिंदी सीख़ी थी

धारा 343 (1) के रथ पर चढ़ कर, राजभाषा कहलाई थी
1965 तक ही इंग्लिश, आफिशियल भाषा बन पायी थी

इंग्लिश के पैरों से दब कर, हिंदी की साँसें निकल रही
टिप्पण और आलेखन में, इंग्लिश ही कैसे मचल रही

हिंदी जब "ग" में जाती है, फाईल में गुम हो जाती है
ये उसकी पीड़ा देखो तो, वो लौट के फिर ना आती है

न्याय पाने की कोशिश में, हिंदी जब कोर्ट में जाती है
सुप्रीम कोर्ट के कक्षों में, नो एंट्री देख मुड़ आती है

सर्वोच्च न्याय मंदिर देखो, इंग्लिश के दम पर चलता है
न्यायालय के परिसर में, इंग्लिश का सिक्का चलता है

क्यों दिवस पखवाडे फिर, हिंदी पर लगवाये जाते हैं
घायल हिंदी की साँसों पर, बैनर चिपकाये जाते हैं

ये पखवाडे ये दिवस यहॉ, पीड़ा अश्रु परिचायक हैं
हिंदी की रोगी शैया पर, ये शोक गीत के गायक हैं

हिंदी सम्मान हिंद का है, ये राष्ट्र प्रेम का नारा हो
घर में बच्चा बोले हिंदी, वो ही हमको प्यारा हो

भाषाण हिंदी, टिप्पण हिंदी, हिंदी में हम परिचय देंगे
क्लब हो या फिर हो किट्टी, हिंदी से हिंद को भर देंगें

ये राष्ट्र चेतना बने अभी, हिंदी में पत्राचार हो
पद हेतु अब भारत में, हिंदी में साक्षात्कार हो

शब्द उच्चारण हिंदी में, सभ्यता का प्रतीक बने
शिक्षण सब हिंदी में हो, शिक्षक विद्या मीत बनें

एम एन सी तो काम करें, हिंदी लिखना मजबूरी हो
जो भारत में व्यापार करे, हिंदी का ज्ञान ज़रूरी हो

यू एस या फिर हो यू एन, भाषण बोला जाएगा
हुँकार भरेगी जब हिंदी, भाषण शोला हो जायेगा

हम दिलों में बैठा लें इसको, ये कार्य तभी हो पायेगा
हर बालक हिंद का जब तक, हिंदी के गीत न गायेगा

(रचयिता: अजय)

178. शहीदों की शान

शहीदों की है अनमोल शान

हमारा शत शत बार प्रणाम

जिनकी मातायें यों बोली

बेटा सीनें पर खाना गोली

भारत माता से भी बढ़ कर

वो हैं मातायें महान

शहीदों की है अनमोल शान

हमारा शत शत बार प्रणाम

नव वधु को याद करो थोडा

सजा न पाई जो सुहाग जोड़ा

भेज दिया जिसने स्वामी को

देश की खातिर देने जान
शहीदों की है अनमोल शान
हमारा शत शत बार प्रणाम

दुश्मन ने हमको ललकारा
देश ने हमको आज पुकारा
दुश्मन के सर से पैर तक
मिटा देंगे हर एक निशान
शहीदों की है अनमोल शान
हमारा शत शत बार प्रणाम

आप दीवाली मना रहे हैं
घर घर दीपक जला रहे हैं
देश दीप जो रोशन करते
उनका नहीं है तुमको ध्यान
शहीदों की है अनमोल शान
हमारा शत शत बार प्रणाम

युवा आज का प्यार चाहता
अजय सौंदर्य का हार चाहता

प्यार तो देगी भारत माता
मांग ज़रा तू ओ नादान

शहीदों की है अनमोल शान
हमारा शत शत बार प्रणाम

(रचयिता: अजय)

179. ताजमहल – एक हादसा

ताज तू प्रेमी सपनों सी, सुन्दर मूरत है
विरही के हृदय में, प्रिय की सूरत है

तेरा होना दुनिया में, एक मिसाल है
तुझ सा महल हो, ये बस ख्याल है

ताज से बादशाही ,प्यार को जग जानेगा
कवि संग जग तेरा, हृदय आज पहचानेगा

दिल तेरा, कुटिल कंटीला बिछौना है
तेरे ताज का वो रूप, बहुत घिनौना है

एक मकबरे को तूने, ताजमहल बनवाया
मुहब्बत में, गुरूर ओ दौलत को दिखाया

काबिल-ए-तारीफ वो शिल्प, जिसने इसे बनाया
कमाल बेमिसाल फनकार, जिन्होंने इसे सजाया

क्या ताज तेरे प्यार का इज़हार है?
तेरे हृदय में क्या रानी का प्यार है?

शिल्पदस्त जिन्होंने ये ताज बनाया
उन हाथों को क्रूरता से कलम कराया

शिल्पियों को तूने मोहताज़ बनाया
प्रेमहीन क्रूरता से बाज़ नहीं आया

ताज दस्तकारों को, तूने दस्तहीन किया
बेमिसाल फ़नकारों को, हुनरहीन किया

इनाम में बक्श दी जान, तभी वो बोले नहीं
तेरे शाही खौफ से, गरीबों ने लब खोले नहीं

क्यों शकील का दिल, न पिघला इस पर?
क्यों साहिर का कलम, न गरजा इस पर?

क्रूर दिलों में, तेरे प्यार का अंकुर कभी न फूटेगा
प्रेम का पौधा, तूफान ए नफरत में लाज़मी टूटेगा

तू कहता है, तूने इमारत ए इश्क़ बनाई है
अजय कहता है, तूने कब्र ए हुनर बनाई है

ओ शाहजहाँ, इश्क़ कुर्बानी का नाम है
मिटना इश्क़ में, इश्क़ वालों का काम है

तेरी नज़रों में, कोई हूर न आ जाए
दिल में रानी की जगह, न पा जाए

इन आँखों को, तू निकाल देता
मुमताज़ की, कब्र में डाल देता

दिखता दुनिया को, मौत का तुझे गम है
एक बादशाही इश्क़ में, कुर्बानी का दम है

कायर ए आज़म ने, कमज़ोरों पे अत्याचार किया है
इमारत ए इश्क़ में, भी जुल्म का व्यापार किया है

कैसे शायर है वो, जिनके ज़हन में ये इश्क़ की निशानी है
मेरे दुखते दिल से पूछ, ये तेरे ज़ुल्मों की बदनुमा कहानी है

ताज को, मुहब्बत का महल कह नहीं सकता,
मैं गुरबत की रूहों से अलग, रह नहीं सकता

(रचयिता: अजय)

180. पल पल बढ़ चल
(अमात्रिक कविता: बिना मात्र की हिंदी कविता)

पल पल बढ़ चल, बढ़ चल बढ़ चल

पढ़ कर हर पल, चढ़ नभ थल जल

पल पल बढ़ चल

कर कर कर छल, तन कर मत चल

मन मन मत जल, तज मन छल खल

पल पल बढ़ चल

कर पर धन चट, मत कर झन झट

लख अब मर घट, जन गण मन रट

बढ़ चल बढ़ चल

पर धन पर पल, मत कर सब हल

तज कर अब छल, कर मनसम जल

बढ़ चल बढ़ चल

पथ पर पनघट, भर झट पट घट

घट सर पर रख, चल सर पट खल

बढ़ चल बढ़ चल

बढ़ चल बढ़ चल

(रचयिता: अजय)

181. आओ भ्रष्टाचार मिटायें
(सतर्कता दिवस पर विशेष)

भारत माँ घावों को, मैं ओपन कर दिखलाता हूँ
भ्रष्टाचारी तंत्र पोल, इन गीतों में सुनवाता हूँ

घूस कमीशन के पहियों पर, फाइल दौड़ा करती है
स्वर्ण चिरैया इनके नीचे, कुचल कुचल कर मरती है

रेत सीमेंट का गणित बदल, जब लीपा पोती होती है
लाल बहादुर की रूह फिर, सिसकी ले कर रोती है

चयन प्रोबेशन और प्रमोशन, चमचों के चमकीले होते हैं
सत्य अहिंसा वादी कर्मी, पी ऐ आर को ले कर रोते हैं

वेतन तुम खाते में रखते, घर चलता घूस कमीशन में
विजिलेंस आँख बंद कर लेता, "यस बॉस" के पोषण में

छुट्टी गर मैं तुमसे माँगूँ, ये मेरा अधिकार नहीं
तुमको टूर टी ए से, क्या रोक सकी सरकार कोई?

लोग नहीं हैं भ्रष्टाचारी, मेरे भारत देश में
तंत्र बनाया भ्रष्ट इन्होनें, नामवरों के वेष में

राजा नमो अकेला लड़ता, भ्रष्ट तंत्र से दिखता है
देशप्रेम भारत में गूँजे, "हाथ" देश में बिकता है

भ्रष्ट तंत्र को पलने देना, माँ भारती का नासूर है
"अजय" ज़हन से फेंको बाहर, क्यों लगता मजबूर है

(रचयिता: अजय)

182. भ्रष्टाचार का विस्तार

आओ भ्रष्टाचार मिटायें
आओ भ्रष्टाचार मिटायें

कहाँ से कहाँ तक?
यहाँ से वहाँ तक?

कश्मीर से के के तक
यु एस से यू के तक

महंगाई की मार तक
विपक्ष के झूठे वार तक

भुखमरी से अनशन तक
चमचागिरी से अनबन तक

ऑफिसों में खुले बाज़ार तक
सप्ताह दिवसों के बुखार तक

वर्दी में घूमते गुंडों तक
नेताओं के झुंडों तक

इनाम के हकदार तक
वंचित करुण पुकार तक

सरकारों के प्रचार में
राजनीति के दरबार में

नेताओं के फ़ास्ट में
चुनाव में बनती "कास्ट" में

दवाई की डुप्लीकेसी में
मुजरिम की होती पेशी में

दीवारों में भरे रेत में
किसान के सूखे खेत में

जेनेरिक-एथिकल दवाई में
एम आर पी की ऊँचाई में

दिवाली की मिठाई में
कृत्रिम दूध की मलाई में

इनकम टैक्स कटाई में
रिश्वत की बँटाई में

टेंडर के घोटालों में
मुहँ पर लगे तालों में

खादी ढके अपराधों में
नेता के झूठे वादों में

धर्म जाति की मंडी में
राजनीति की रंडी में

चुनाव की बीमारी में
वोटर की लाचारी में

भीड़ में विस्फोटों में
टी आर पी की फोटो में

इंसान के बनते चीथड़ों में
राजनीति करते हीजड़ों में

अपराधियों की चमकती कार में
एस्कॉर्ट्स जिगोलों की कतार में

फैक्ट्री वर्करों की हड़ताल में
यूनियन लीडर की चाल में

बच्चों के कुपोषण में
कर्मियों के शोषण में

विलम्ब से आफिस जाने में
कुर्सी पर न जम पाने में

पक्षपाती अनुशासन में
बॉस के झूठे भाषण में

स्टाफ बॉस की फिक्सिंग में
छुट्टी फरलो की मिक्सिंग में

एवरेज खा रही गाड़ी में
चालक की जिम्मेवारी में

आओ भ्रष्टाचार मिटायें
आओ भ्रष्टाचार मिटायें

(रचयिता: अजय)

183. तू आग है
(देश की सभी बेटियों के सम्मान में)

आँधी के मन में भरा, कैसा अजब खुमार है
दिए की रौशनी भी अब, लगती हमें बिमार है

तन मन जो तेरा सह गया, पत्थरों से वार को
आँसू निकल पड़े तेरे, बस प्यार के दीदार को

पहचान ले तू कौन है, इतिहास भी गवाह है
रानी झाँसी के रक्त का, तुझ में हुआ प्रवाह है

रुग्णता छोड़ दे, ये मन का बस विकार है
तू नारी है, तू देश की, उठती हुई पुकार है

बचपन में नाचती थी तू, ये आज कहाँ खो गयी
रातों को जगाती मुझे, तू दिन में आज सो गयी

दो दांत तेरे जब उगे, खरगोश सी फुदक उठी
लय सुनी जहाँ तुझे, तू फिर वहाँ थिरक उठी

गोद में तू आई जब, दुनिया मेरी बदल गयी
किलकारियों की गूँज से, ममता मेरी मचल गयी

बिंदी कभी, कभी चुनर, श्रृंगार तुझे भा गया
माँ की नक़ल से नृत्य भी, कैसे तुझे आ गया

ऊँगली पकड़ पापा ने, तुझ को घुमाया साथ में
तू जाग कर न रो पड़े , मैं सो न पाई रात में

तेरी हर एक उमंग को, जायज़ बताया बात में
मैं माँ तेरी हूँ सोच ले, नारी हूँ मैं भी जात में

बेटी मेरी, तू मेरे कुल की बनी सिरमौर है
तेरे सिवा मन पर तेरे, किसका चला ज़ोर है

तू उठ अभी, तू देश की, आन है तू शान है
तेरी ही जाग से बना, भारत मेरा महान है

तू शक्ति है, सर्जन का, तू रूप बन के आई है
गेसुओं की छाओं से, प्रिय की मिटी तन्हाई है

चुनरी जो उड़ चली, दिल थम गए बहार में
तेरी महक से वादियाँ, चहक उठी संसार में

तू रुकी तो देश का, वक्त भी थम जाएगा
तेरी हर एक हुंकार से, दुश्मन काँप जायेगा

है कौन, जो तेरी चुनर को, खींचने का दम भरे
क्या तू पहन के चली, है कौन जो फब्ती कसे

बन वधु जो जल गयी, तूफ़ान बन जरा उठे
काल बन कर प्राण हर, जुल्म फिर थर्रा उठे

मान को तेरे कभी, जो ठेस भर लग जायेगी
दुर्गा ही तेरे रूप में, शत्रु दमन को आएगी

तोड़ दे उस हाथ को, आँचल को जो उघाड़ता
काली है तू, तू रक्त पी, जुल्मी रहे चिंघाड़ता

कोई जो घूरता तुझे, वासना की प्यास से
आँखें निकाल दे तभी, उसकी भरे विश्वास से

तेरे कलम के ज़ोर से, लहरा उठा ध्वज हाथ में
तू जो चली तो चल दिए, लाखों हमारे साथ में

तू बेटी है इस देश की, मत हो अभी उदास तू
गगन को छू लेने की, जगा अभी एक प्यास तू

तू नारी है, तू देश के, तन बदन की जाग है
पहचान ले खुद को ज़रा, तू आग है तू आग है

(रचयिता: अजय)

चौथा सर्ग: हिंदी हाइकू-क्षणिकाएं (जापानी काव्य विधा)

हिंदी हाइकू
(जापानी मुक्तक काव्य)

रचयिता: डॉ अजय कुमार शर्मा

हिंदी हाइकू

हिंदी साहित्य की अनेक विधाओं में 'हाइकु' नयी विधा है। हाइकु मूलत: जापान की कविता की विधा है और प्रकृति पर लिखी जाती है . हाइकू आज सभी विषयों पर लिखी जाती है . ये एक साधना के सामान है.

"हाइकु सत्रह (17) अक्षर में लिखी जाने वाली सबसे छोटी कविता है। इसमें तीन पंक्तियाँ रहती हैं। प्रथम पंक्ति में 5 अक्षर, दूसरी में 7 और तीसरी में 5 अक्षर रहते हैं। संयुक्त अक्षर को एक अक्षर गिना जाता है, जैसे 'सुगन्ध' में तीन अक्षर हैं - सु-1, ग-1, न्ध-1) तीनों वाक्य अलग-अलग होने चाहिए अर्थात एक ही वाक्य को 5,7,5 के क्रम में तोड़कर नहीं लिखना है.

~डॉ अजय कुमार शर्मा

184. कन्या भ्रूण हत्या

शोख सी परी

ज्यों बनी ख़ून सनी

कोख में मरी

185. आत्मा

भ्रूण से जरा
मैं अक्षय निर्मल
कभी न मरा

186. डरा

मन हैं डरा
अहम् बुद्धि युद्ध में
मनुष्य मरा

187. मौत

रोग से डरा
गोलियां लिये फिरा
गोली से मरा

188. यौन

तर्क है मौन
सौंदर्य प्रेम जगा
आ गया यौन

189. महंगाई

खुश हैं सेठ
सिकुड़ गयी रोटी
भूखे हैं पेट

190. बर्फबारी

प्रकृति प्यारी
रुई बिछी धरती
ये बर्फबारी

191. चुनाव

मुखौटे छाए
जनमानस लुटा
चुनाव आये

192. युद्ध

उड़ते गिद्ध
फिर मरा आदमी
हाए रे युद्ध

193. श्रमिक

श्रम बेहाली
तन व मन थका
मुफ्त पा गाली

194. विरह

अँखियाँ रोती
सपनों में मुस्काये
नयन मोती

195. याद

पंछी उडान
आई तुम्हारी याद
खिला वीरान

196. तेरा जाना

सांसें थी थमी
तुम जो चले गए
आँखें भी जमी

197. दुल्हन

सज संवर
बाबुल से बिछुड़ी
ख्वाब में वर

198. नववधू

कम्पित जिया
बिछुड़ा रे मायका
मन में पिया

199. भुखमरी

सूखती छाती
दिए की सूखती बाती
भूखे शिशु माँ

200. कुँवारी माँ

माँ थी कुँवारी
कूड़े में नवजात
रोई लाचारी

201. विरह

पुष्प भी मुए
बसंत हुआ सूना
तुम जो गए

202. क्रोध - प्रेम

तुम्हारा प्रेम
सर्दी की कोसी धूप
प्रेम का बोध

203. वो आये

ख्वाब सँवारे
वापस आये तुम
पुष्प पे भँवरे

204. हत्या

कोई बचाओ
पुकार थी बेकार
छुटा संसार

(हाइकू रचयिता: अजय)

पाँचवा सर्ग: हास्य व्यंग

205. मिटटी का तेल

शादी हुई

गैस नहीं

बीवी बोली खाना नहीं पकेगा

मिटटी तेल चूल्हा फिर जलेगा

नौकरी में सहारा

लोकल ट्रेन का

रसोई में

मिटटी के तेल का

राशन लाइन

की धकापेल

लेना था

मिटटी का तेल

नंबर आया चेहरा खिला

आखिर मिटटी तेल मिला

रास्ते में पुलिस ने रोका

हम समझे हुआ कोई धोखा

बोले कुँवारे तेल ले जाएँ

शादीशुदा तेल यहीं रख जाएँ

वो बोले

कुँवारे ले जाते

रोटी पकाने को

तुम लोग

बीवी जलाने को

(रचयिता: अजय)

206. शौचालय

अनोखा दफ्तर बनवाया
शौचालय नाम कहलवाया

रोज़ सुबह हाजरी लगानी
नहीं तो पेट गैस बन जानी

आँख खुली और मन में आया
दिलों दिमाग पर इसका साया

चिंता हटी लो विचार आया
फारिग हुए भई तभी हो पाया

भूले स्वप्न भी याद दिलाता
अजय आत्मा से खिल जाता

(रचयिता: अजय)

207. सब्जी

बीवी की व्यस्ततता से, तंग आ कर
आँखों में प्यार के, आँसू टपका कर

बोले किस चक्कर में, लगी रहती हो?
सोचो हमारी भी, निष्ठुर बनी रहती हो

रुपये में एक पैसा भी, ध्यान न था
हमारे प्यार का, कोसो मान न था

हमारा भी ताव चढ़ा और माथे में बल पड़े
रसोई से चाकू ले, खुदकशी को निकल पड़े

हम मर रहे हैं, हमसे अच्छे पड़ोस में जाट जाटनी हैं
बोली मरना है तो जल्दी मरो, मुझे सब्जी काटनी है

(रचयिता: अजय)

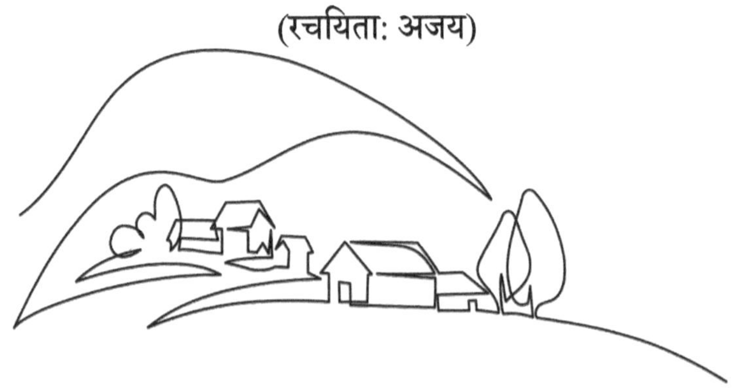

208. पारदर्शिता

पेरिस में आयोजित

अन्तर्राष्ट्रीय भ्रष्टाचार सम्मेलन

इम्पोर्टेंड विदेशी

पारदर्शी पोशाक में

सजी बॉस की

पर्सनल सेक्रेटरी

कुछ मुस्कुरा कर

कुछ शरमा कर

बैनर की ओर इशारा करती हुई

बोली

"सर मेरी ड्रेस को

सरकार ऑफिशियल ड्रेस

क्यों नहीं बनाती है”
बैनर देखो सर
“पारदर्शिता भ्रष्टाचार मिटाती है”

(रचयिता: अजय)

209. पत्नी

हे पत्नी तुम जग में महान

गृह प्रबंध की तुम रखवाली

कलह नींव तुमनें ही डाली

देव असुर दोनों करते, तुमरा ही गुणगान

हे पत्नी तुम जग में महान

सास की तुम दूत लगाती

ननंद की निन्दाएं गाती

कुरुक्षेत्र के युद्ध का, हरदम रहता तुमको ध्यान

हे पत्नी तुम जग में महान

पति को बेलन दिखलाती

जेठानी संग आँखें मटकती

नचा नचा अजय ऊँगली को, करती हो तुम नृत्य गान

हे पत्नी तुम जग में महान

(रचयिता: अजय)

210. गधा (गर्दभ)

हे गर्दभ देव तुमको प्रणाम

सुख शांति के बने हो दूत

मानवता के सच्चे सपूत

तुम पर कुर्बान, नोबेल पुरस्कार तमाम

हे गर्दभ देव तुमको प्रणाम

बात पे अपनी अड़ जाते हो

बीच राह पर पड़ जाते हो

मानो पिए हुए हो, अंगूर रस का एक जाम

हे गर्दभ देव तुमको प्रणाम

मधुर कंठ से जब गाते हो

मौहल्ले में सबको भाते हो

संगीत स्वरों से रौशन होता, मधुर ग-धा तुम्हारा नाम

हे गर्दभ देव तुमको प्रणाम

गंभीर विचारों में तल्लीन

देव क्या हो कुछ ग़मगीन

शौचालय के पास बिता दी, सुबह दोपहर और शाम

हे गर्दभ देव तुमको प्रणाम

तुम्हारी उपमा जिसे मिल जाती

अजय आत्मा उसकी हिल जाती

ऐसा गौरव लिए प्रभु तुम, जिसका है अनमोल दाम

हे गर्दभ देव तुमको प्रणाम

(रचयिता: अजय)

छठा सर्ग: लम्बी कविता-दिव्य प्रेम काव्य

211. तुम नहीं आये

(लम्बी कविता: वियोग श्रृंगार दिव्य स्मृति काव्य-50 छंद)

रचयिता: डॉ अजय कुमार शर्मा

1. रात्री

रैन बढती गयी, नैन चढ़ती गयी

इंतज़ार होता गया, विश्व भी सोता गया

पुष्प मुरझाये, तुम नहीं आये

2. अरुणोदय

विहंग चहकने लगे, कुसुम महकने लगे

अरुण रथ पर आ गया, केसरिया नभ छा गया

सब मन भरमाये, तुम नहीं आये

3. उपवन

कली सारंग संग आई, बदली नीर भर लायी

संग प्रसून तितली इठलाई, फिर याद तुम्हारी आई

सुमन भी मुस्काये, तुम नहीं आये

4. वर्षा

मंद मंद समीर बही, सुगंध सुमन से बही

कुहू कुहू गुंजन हुआ, धरा संग गगन हुआ

चातक क्रंदन कर जाए, तुम नहीं आये

5. चल पड़ी

नयन बिछा राह में, चल पड़ी उमाह में

दीवारें सजग हो उठी, लोक लाज खो उठी

वृन्द विलोचन से बच पाए, तुम नहीं आये

6. ब्याह

पड़ोस में ब्याह है, बरात बीच राह है

शोरगुल हो रहा, मन मुकुर रो रहा

मृदंग सुन घबराए, तुम नहीं आये

7. सखियाँ

सखियाँ पूछती इधर, मैं बताऊँ क्या मगर

नदिया तड़पती राह में, सागर मिलन की चाह में

अंखियन चित्र उभर आये, तुम नहीं आये

8. कान्हा वंशी बजाये

तुम हमारी आस हो, हृदय का बिसवास हो

धड़कनों की प्यास हो, लगता है मेरे पास हो

कान्हा वंशी बजाये, तुम नहीं आये

9. मीरा दीवानी

मीरा दीवानी हो उठी, वीणा के संग रो उठी

सिसकियाँ सुनो ज़रा, हृदय पीर से भरा

मति भ्रम हो जाए, तुम नहीं आये

10. चलचित्र

लगा चलचित्र है, वृंदजन विचित्र है

प्रेमी युग्ल जा रहे, बहुत से इतरा रहे

पग डग डगमग हो जाये, तुम नहीं आये

11. ढेरों ख्वाब

हाथों में बस वो हाथ हो, हिय में तुम्हारी बात हो

मंद-मेघ बरसात हो, प्रिय-मिलन की रात हो

ढेरों ख्वाब सजाये, तुम नहीं आये

12. दीवार

चारों तरफ दीवार है, पैरों में चुभते खार है

खल राह में तैयार है, संबल तुम्हारा प्यार है

साँस उखड उखड जाए, तुम नहीं आये

13. मन का डर

जग रोज़ हमको भाँपता, मन डर डर के काँपता

पथिक उड़ाते खिल्लियाँ, मार्ग काटें बिल्लियाँ

जग को क्या बताएं ? तुम नहीं आये

14. छाँव गेसू

गोद में हो सर तेरा, खिल उठे मंज़र मेरा

छाँव गेसू डाल दूँ, भानु तपिश टाल दूँ

वासव मेघ बरसाए, तुम नहीं आये

13. केश धो कर

केश धो कर आई हूँ, स्मृतियों से शरमाई हूँ

भीग जाती स्वेद से, प्रेम के आवेग से

तन रोमांच हो आये, तुम नहीं आये

14. नारी सुलभ शर्म

पुष्प शैया के मर्म से, नारी सुलभ शर्म से

प्रथम मिलन आस है, उर में लिये विश्वास है

सुआ संदेसा लाए, तुम नहीं आये

15. विरह अग्न

तन में मेरे अंगार है, विरह अग्न तैयार है

घंटों मैं बारिश में रहूँ, दावानल कैसे सहूँ

निशा बहुत तडपाये, तुम नहीं आये

16. स्मृति चित्र

रूह में समाते जाते हो, लोप फिर हो जाते हो

स्मृति चित्र आता है, इत्र सा महकाता है

पवन झरोखे लाये, तुम नहीं आये

17. कुसुमाकर में

कुसुमाकर में जाती हूँ, स्मृतियों में खो जाती हूँ

बीती संध्या कब हुई रात, मुझको कहाँ ये तनिक ज्ञात ?

जग बावरी कहलाये, तुम नहीं आये

18. बांसुरी अधर की

बन कर घटा घनघोर हो, कान्हा बने चित्त चोर हो

बांसुरी अधर की हूँ, धेनु तुम्हारे घर की हूँ

राधा मोहन संग रिझाये, तुम नहीं आये

19. रास लीन

गोविंद तल्लीन हैं, गोप रास लीन हैं

कपोल गुलाब हो गए, मोद में हम खो गए

मदन नज़र न आए, तुम नहीं आये

20. प्रिय मिलन प्यास

व्याकुल मन आस है, प्रिय मिलन प्यास है

कैसे जग को कहें, दावानल क्यों सहें

आलिंगन से भरमाये, तुम नहीं आये

21. अनंग तीर

अधर पर तान लो, बाँसुरी मान लो

श्वास ऊर्जा प्राण में, अनंग तीर संधान में

नयन नीर भर लाये, तुम नहीं आये

22. ध्यान योग

हिमकर बदली से झाँकता, दिव्य प्रेम फिर आँकता

देवालय मन में सजे, घंटा ध्वनि फिर से बजे

ध्यान योग लग जाए, तुम नहीं आये

23. कदम्ब छाँव

कनक कुंडल सज उठे, गोधूलि वेला रज उठे

कदम्ब छाँव सो गए, मनमोहन मन मोह गए

तरुणी तड़फ तड़फ जाए, तुम नहीं आये

24. रैन संदेसा

निर्मोही संग मन लगा, नयन मिला मुझको ठगा

मन मिलिंद चंचल हुआ, निर्झर से कल कल हुआ

रैन संदेसा भिजवाए, तुम नहीं आये

25. कर्णप्रिय आहट

मेरी पीड़ा की राह में, मन मुकुर की चाह में

तुम ही मेरी हमराज़ हो, (सखी) तुम मेरी परवाज़ हो

कर्णप्रिय आहट आये, तुम नहीं आये

26. प्रिय भुज-पाश

विटप पर्णों की शैया, प्रिय भुज-पाश में दैया

अधर अंग स्पर्श हुए, रोम रोम हर्षित हुए

करघनी खुल खुल जाए, तुम नहीं आये

27. पयोधर विवस्त्र

प्रथम मिलन नादान थी, लज्जा मेरी बस जान थी

मृदु वाणी से मोह लिया, कुचों को मेरे टोह लिया

पयोधर विवस्त्र हो आये, तुम नहीं आये

28. अर्चन-गान

उर के मेरे मेहमान हो, कोमल तनु के प्राण हो

देवालय अर्चन-गान हो, हिमगिरी हो बलवान हो

तन-सुमन पुलकित हो जाये, तुम नहीं आये

29. चंद्रानन लट

चंद्रानन लट आ गयी, देखत मैं इठला गयी

चक्षु कान्ति छा गयी, नयन मिले शरमा गयी

दिवा-स्वप्न दिखाए, तुम नहीं आये

30. कुसुमासव

पतझड़ में बरसात हो, तन-मन भिगोती रात हो

सागर तरणी सा साथ हो, कुसुमासव सम बात हो

हिय हिलोरे खाए, तुम नहीं आये

31. विरह पावक

विरह पावक बन गई, अंगार सम ये देह भई

साँस उखड़ते आज हैं, अनंग नहीं यमराज हैं

प्राण-पखेरू उड़ जाएँ, तुम नहीं आये

32. रिपु सम सखियाँ

निकेतन आलीशान है, लगता मुझको वीरान है

सखियाँ बुलाती थक गयी, निकट न मैं अब तक गयी

रिपु सम सखियाँ मुस्काएं, तुम नहीं आये

33. तृण सम काया

पयोधर कंठहार है, हाय कितना भार है
तृण सम काया हुई, रमणी से छाया हुई
यौवन मुरझाता जाए, तुम नहीं आये

34. कपोल अश्रु

लोचन नीर सुखा गए, जलज थे मुरझा गए
कपोल अश्रु तर भये, जाने तुम किधर गए
मधुकर गुंजन कर जाए, तुम नहीं आये

35. पटु कंदर्प

हम सखी हैं जान लो, विनय इतनी मान लो
प्रसून-शैया ज्वाल है, पटु कंदर्प मधु चाल है
नेह नहीं जंजाल है, कैसे तुम्हें समझाएं ?
तुम नहीं आये

36. निर्बल काया

हस्त कपोल पर लिए, हर आहाट पर थे जिए
आनन आभा खो गयी, निर्बल काया हो गयी
चिंता चिता बन जाए, तुम नहीं आये

37. विरह व्यथा

विरह व्यथा का ज्वार है, तुम से मिलन उपचार है

प्राण मूर्छित हो गए, श्वास धड़कन खो गए

मन्मथ शर हिय फंस जाए, तुम नहीं आये

38. केशव विराजे

कोकिला कूकती उपवन में, केशव विराजे हो मन में

जग बावरे कहलाये थे, रूप मधु चख आये थे

नीलकंठ गरल पी आये, तुम नहीं आये

39. अधर मधु रसपान

पयोधरों पर हस्त हों, प्रेम में मदमस्त हों

अधर मधु रसपान हो, मदन मधुशाला भान हो

स्मृतियाँ मन भिगो जाएँ, तुम नहीं आये

40. रूह में तुम

वीणा सम मैं बज उठी, अर्चन-थाल सी सज उठी

रूह में तुम आ गए, रोम रोम शरमा गए

हिय कंदर्प बस जाए, तुम नहीं आये

41. कमसिन काया

भुजा नहीं ये सांप हैं, कमसिन काया निष्पाप है

मिलन गरल से कम नहीं, बच जाऊं ये दम नहीं

मरण वरण को आये, तुम नहीं आये

42. गजगामिनी

देख कर छिप जाउंगी, अदृश्य फिर हो जाउंगी

हाथ नहीं मैं आउंगी, गजगामिनी सी जाऊँगी

मन सोच सोच घबराये, तुम नहीं आये

43. अनंग बाण

अनंग बाण से आहात, प्रिय हिय की चाहत

लवंग पुष्प मुस्काते हैं, मधुकर गुंजन से गाते हैं

अब याद तुम्हारी आये, तुम नहीं आये

45. ऋतुराज

ऋतुराज हिय में आया, भ्रमर पुष्पों पर छाया

मदन बाण संधान किये, मधुकर सुमन रसपान किये

मलय समीर तन झुलसाए, तुम नहीं आये

46. अनंग-नख

ऋतु बसंत रिपु बन आई, तस्वीर हृदय दर्पण छाई

अनंग-नख सम खिले पलाश, धरा मिलन को चला आकाश

यौवन मादकता से अलसाए, तुम नहीं आये

47. तन बाहुपाश में

भ्रमर गुलाब को चूम रहा, तन बाहुपाश में झूल रहा

लब पंखुड़ियों में जान भरें, दिव्य प्रेम रस पान करें

निशा निगोड़ी कट नहीं पाए, तुम नहीं आये

48. तीन पहर रात

माधवी लता की बाहों में, खड़ा आम्रवृक्ष राहों में

कम्पित मेरा तन होता है, मन फिर सुध बुध भी खोता है

तीन पहर रात कट जाए, तुम नहीं आये

49. नृप बसंत

बैरी कोकिल मन लुभा रही, मत पूछो ये दिल दुखा रही

कूक शूल सी पार हुई, जब से आँखें चार हुई

नृप बसंत अब वापस जाए, तुम नहीं आये

50. रूह तुम से भर लूँ

स्वरुप तुम्हारा सागर है, रूह मेरी बस गागर है

खाली गागर को कर लूँ, रिक्त रूह तुम से भर लूँ

गागर सागर में मिल जाए, तुम नहीं आये

(रचयिता: अजय)

इति

परिशिष्ट

(अ). परिभाषायें

1. रस: रस काव्य का मूल आधार 'प्राणतत्व 'अथवा 'आत्मा 'है रस का संबंध 'सृ 'धातु से माना गया है। जिसका अर्थ है जो बहता है, अर्थात जो भाव रूप में हृदय में बहता है उसे को रसकहते हैं। इसके मुख्य भेद हैं –श्रृंगार रस रति, हास्य रस हास, करुण रस शोक, रौद्र रस क्रोध, वीर रस उत्साह, भयानक रस भय, वीभत्स रस घृणा, जुगुप्सा, अद्भुत रस आश्चर्य.

2. छन्द : विशिष्ट अर्थों या गीत में वर्णों की संख्या और स्थान से सम्बंधित नियमों को छन्द कहते हैं जिनसे काव्य में लय और रंजकता आती है।

3. अलंकार :कविता के सौन्दर्य को बढ़ाने वाले तत्व होते हैं। जिस प्रकार आभूषण से नारी का लावण्य बढ़ जाता है, उसी प्रकार अलंकार से कविता की शोभा बढ़ जाती है। शब्द तथा अर्थ की जिस विशेषता से काव्य का श्रृंगार होता है उसे ही अलंकार कहते हैं। कहा गया है - 'अलंकरोति इति अलंकारः' (जो अलंकृत

करता है, वही अलंकार है।) हिंदी साहित्य में अनुप्रास , उपमा, रूपक, अनन्वय, यमक , श्लेष, उत्प्रेक्षा, संदेह, अतिशयोक्ति, वक्रोक्ति आदि प्रमुख अलंकार हैं।

(ब) शब्दार्थ

केवल लम्बी कविता के शब्दार्थ दिए जा रहे है, क्योंकि अन्य कविताओं में सरल शब्दों का प्रयोग हुआ हैं जो आम बोलचाल में प्रयुक्त होते हैं .

लम्बी कविता : तुम नहीं आये

(शब्दों के अर्थ और प्रयुक्त रस और अलंकार)

रैन =रात , नैन = आँख , पुष्प=फूल विहंग=पक्षी, कुसुम=फूल, अरुण = प्रातःकाल का सूरज (सूरज का सारथी), नभ=आकाश , भरमाए = भ्रमित (कुछ न सूझना) कली= BUD, कोंपल ; सारंग=भौंरा ; बदली=छोटा बादल ; नीर=पानी ; प्रसून=फूल; सुमन=फूल

कुहू कुहू गुंजन=पपीहा/चातक पक्षी की आवाज ; समीर=वायु; सुमन=फूल; धरा=धरती; गगन=आकाश ; क्रंदन=दुख भरी आवाज़ नयन-आँखें; उमाह =उत्साह; सजग=चोकन्नी; लोक लाज=संसार की शर्म ; वृंद=समूह ; विलोचन=आँखें; ब्याह =शादी; बारात = वरपक्ष के मेहमान ; मुकुर = दर्पण ; मृदंग=ढोलक के समान बजाने वाला संगीत यंत्र ,नदिया=नदी; सागर=समुद्र ; चित्र= तस्वीरआस=आशा; बिसवास=विश्वाश; कान्हा= भगवान कृष्ण वंशी=बांसुरी, मीरा=मीराबाई , कृष्ण भक्त व कवयित्री /महारानी जिसनें कृष्ण प्रेम में अपना राजमहल छोड़ दिया था और

उसके पति द्वारा जहर देने पर भी श्री कृष्ण नें उसकी रक्षा की । ; दीवानी =पागलपन ; वीणा = वाद्य यंत्र ; पीर=दर्द/पीड़ा ; मति=बुद्धि; चलचित्र =सिनेमा ; वृंदजन; लोगों के समूह ; युगल=जोड़े (pair); इतरा=बनना /superiority कॉम्प्लेक्स; पग=पैर ,कदम; डग=मार्ग; डगमग=लड़खड़ाना, हिय =दिल ,हृदय ; मंद-मेघ बरसात = बादलों से हल्की बारिश /वर्षा ; मिलना=समागम /प्रेम में मिलना ; ढेरों = बहुत , अधिक ; ख्वाब =सपने, खार=कांटें; खल = दुष्ट लोग , प्रेम के दुश्मन; संबल = शक्ति , ताकत ; सांस उखड़ उखड़ जाए = सांस लेने में कठिनाई, जग =संसार के लोग ; भांपता = अनुमान लगाना ; पथिक=मार्ग/रास्ते में चलने वाले लोग ; खिल्ली उड़ना = मज़ाक /उपहास; मार्ग काटें बिल्लियाँ = एक प्रकार का अपशगुन, मंज़र =दृश्य (प्यार का); गेसू = बाल (hairs); भानु तपिश = सूरज की गर्मी ; वासव = देवराज इन्द्र ; मेघ बरसाए= वर्षा कराये, केश = बाल ; स्मृतियों = प्रेम की यादें ; स्वेद=पसीना ; आवेग=तेजी ; तन=बदन, शरीर ; रोमांच = उत्तेजना, पुष्प शैया = प्रथम मिलन(सहवास) की रात्री में फूलों का बिस्तर /पलंग ; मर्म = अर्थ /भेद ; आस=आशा ; उर=दिल/हृदय ; सुआ=तोता पक्षी ; सँदेसा= संदेश, तन= शरीर ; अंगार=आग के शोले ; विरह अग्न= प्रेमी से अलग रहने से पैदा हुई आग/ गर्मी ; बारिश=वर्षा, दावानल=आग ; निशा=रात ; तड़पाये = बेचैन करे, रूह=आत्मा ; समाते = मिलते (FUSE); लोप =अदृश्य होने का भाव या अवस्था / दिखाई न देना ; स्मृति=यादें ; इत्र=एक प्रकार का सुगंधित द्रव्य ; महकता = खुशबू आना ; पावन=हवा; झरोखे =हवा का झोंकाकुसुमाकर= बाग , उपवन; स्मृतियों= प्रेम के मिलन की) यादें ; तनिक= थोड़ा /सूक्ष्म ; बावरी= पागल, दीवानी, घटा= वर्षारितु के बादल ; घनघोर= तेज़ /शक्तिशाली बादल ;

कान्हा=भगवान कृष्ण ; चित्तचोर = मन को चुराने वाले ;अधर = होठ ; धेनु= गाय; मोहन=भगवान कृष्ण; रिझाये =खुश होने का भाव, गोविंद=भगवान कृष्ण ; तल्लीन= व्यस्त ; गोप रास = गोपियों के साथ रास लीला ; लीन = मन से लगे रहना ; कपोल गुलाब (रूपक अलंकार)= लाल गाल ; मोद=आनंद ; मदन=कामदेव, आस= आशा ; दावानल =विरह की आग /गर्मी ; भरमाए =भ्रमित होना, अधर – होठ ; अनंग =कामदेव; तीर संधान = धनुष बाण से निशाना लगाना ; नयन= आँखें; नीर= आँसू /जल, हिमकर = चाँद ; दिव्य = अतीन्द्रिय; आँकता= अनुमान लगाना; देवालय=मंदिर; घंटा ध्वनि =मंदिर में आरती पूजा के समय घंटा बजने की आवाज़ ; ध्यानयोग=मेडिटेशन; कनक कुंडल = स्वर्ण(सोना) के कर्ण कुंडल ; आगमन =आने ; गोधूलि वेला रज = सायंकाल में गायों के वापस लौटने के समय उनके चलने से उठी धूल ; कदंब छाँव = कदंब वृक्ष के छांव में (सोते भगवान कृष्ण); मनमोहन= मन को मोहने वाले श्री कृष्ण; मोह=सम्मोहन ; तरुणी = युवा सुंदर नारी, निर्मोही=जिसमें मोह या ममत्व न हो। किसी के प्रति अनुराग स्नेह न रखनेवाला; ठगा : धोखा देना ; मिलिंद = भँवरा ; निर्झर से कल कल = झरने से कल कल की आवाज़ ; रैन = रात ; सँदेसा = संदेश, पीड़ा= दर्द ; राह=रास्ता ; मुकुर=दर्पण, हमराज़ = विश्वासपात्र ; परवाज़ =उड़ान ; कर्णपटल = कानों में ; कर्णप्रिय= 1. जो कानों को प्रिय लगे 2. सुनने में प्रिय या अच्छा लगने वाला ;विटप पर्णों = पेड़ के पत्तों ; शैया = पलंग , बिस्तर; प्रिय भुज-पाश = साँप की कुंडली की तरह प्रिय की बाहें ; दैया =आश्चर्य, भय सूचक शब्द जिसे स्त्रियाँ बोलती हैं ; अधर अंग स्पर्श = होठों से अंगों का चुंबन ; रोम= देह के बाल; शरीर पर के नरम बाल; रोआँ, करघनी = कमरबंद ,किंकिणी, तगड़ी, विशेष नोट; इस

कविता में सुहागरात में नारी के सुखद अनुभव का शृंगार रस है । प्रथम मिलन = सुहागरात ; कुचों= स्तन, वक्षस्थल ; टोह = 1. टोहने या टटोलने की क्रिया 2. अनुसंधान; खोज; टटोल 3. किसी छुपी हुई चीज़ का पता लगना; थाह; पयोधर =स्तन, वक्षस्थल ; विवस्त्र = नग्न / वस्त्र के बिना, उर=हृदय ; तनु = शरीर, काया , बदन ; देवालय = मंदिर ; अर्चन-गान = पूजा आरती ; हिमगिरी = हिमालय ; तन-सुमन = फूल सा शरीर ; पुलकित= रोमांचित , हर्ष या आश्चर्य के कारण शरीर के रोएँ खड़े होना, चंद्रानन = चाँद सा चेहरा ; लट= बालों की लट ; चक्षु कान्ति = आँखों में चमक ; दीवा-स्वप्न = दिन में सपने, सागर = समुद्र ; तरणी = नदी ; कुसुमासव= शहद , मधु ; हिय = हृदय ; हिलोरे = लहराना, पावक = आग; अनंग=कामदेव,काम भावना शृंगार का देवता ; यमराज=मृत्यु का देवता ; पखेरू = चिड़िया, निकेतन = घर , गृह ; आलीशान = शानदार , सुंदर ; रिपु सम = शत्रु के समान, पयोधर कंठ हार = वक्षस्थल पर फूलों का हार ; तृण= तिनका ; रमणी = सुंदर नारी, लोचन= आँखें ; नीर= पानी (आँसू) ; जलज = कमल का पुष्प ; कपोल = गाल ; मधुकर = भँवरा ; गुंजन = उड़ते हुए भँवरे के पंखों से आती आवाज, प्रसून शैया = पुष्प से सजा बिस्तर /पलंग ; पटु=चालाक ; कंदर्प = कामदेव (सेक्स /काम का देवता), नेह= प्रेम ; जंजाल = मुश्किल /परेशानी में फंसना, हस्त=हाथ; कपोल= गाल ; आनन=चेहरा ; आभा= सुंदरता ; निर्बल= कमज़ोर ; काया = शरीर, मन्मथ = कामदेव (सैक्स/ काम का देवता) ; शर = बाण; हिय = हृदय, कोकिला= कोयल ; कूकती = कोयल की आवाज़ / गाना ; केशव = भगवान कृष्ण ; जग = संसार ; बावरे = पागल ; रूप मधु = सुंदरता का शहद/ मिठास ; नीलकंठ = भगवान शिव ; गरल = विष, जहर, पयोधर= स्तन ; हस्त =

हाथ ; मदमस्त= नशे में मस्त ; अधर= होठ ; मधु= शहद / मिठास ; रसपान = रस पीना ; मदन= कामदेव ; मधुशाला = शराब पीने का स्थान, वीणा = वाद्य यंत्र ; अर्चन-थाल = पूजा की थाली ; रूह = आत्मा ; हिय = हृदय ; कंदर्प= कामदेव, कमसिन= अवयस्क / कम उम्र वाली ; काया = शरीर ; गरल= विष / ज़हर ; मरण = मृत्यु ; वरण = मिलना, गजगामिनी सी जाऊँगी = हथनी के समान मस्त चाल, अनंग= कामदेव ; बाण = धनुष से निकला बाण ; लवंग पुष्प = लौंग का सुगंधित सुंदर पुष्प ; मधुकर = भँवरा ; गुंजन ; भँवरे के पुष्प के समीप उड़ने से हुई आवाज़, ऋतुराज = बसंत ऋतु , ऋतुओं का राजा ; भ्रमर = भँवरा ; मदन = कामदेव ; बाण संधान = धनुष बाण से निशाना लगाना ; मलय= चन्दन , दक्षिण भारत की एक पर्वत शृंखला ; समीर = हवा ; मलय समीर = बर्फीले पर्वतों से आती शीतल हवा ; तन = शरीर ; झुलसाए = जलाना (BURN)